V. H. FRIEDEL

PÉDAGOGIE DE GUERRE ALLEMANDE

Vers la centralisation de l'enseignement public. L'éducation physique et la préparation militaire. L'éducation morale et civique. L'école unitaire et la sélection des élites. Les attaques contre les humanités classiques. Le rôle politique des Universités. La guerre et la femme allemande. La propagande scolaire allemande à l'étranger.

PARIS
LIBRAIRIE FISCHBACHER
Société anonyme
33, RUE DE SEINE, 33

1917

IMPRIMERIE CENTRALE DE L'OUEST. — LA ROCHE-SUR-YON.

PÉDAGOGIE DE GUERRE ALLEMANDE

OUVRAGES PÉDAGOGIQUES

DU MÊME AUTEUR

Documents relatifs à la Réforme de l'Enseignement secondaire en Prusse (1900-1902). In-8, 1902. Delagrave, éditeur, Paris.. 2 fr. »

Traitements des Instituteurs et des Institutrices à l'étranger. In-8, 1903. Imp Nat. Paris (chez A. Colin)..... 3 fr. 50

La Pédagogie dans les pays étrangers. Problèmes et solutions. In-12, 1910. Roustan, éditeur, Paris...... 4 fr. »

Problèmes pédagogiques. Notes et Documents. In-12, 1913. Roustan, éditeur, Paris........................ 4 fr. »

Un crime allemand : *L'Anéantissement de la Nationalité Alsacienne-Lorraine.* Faits et Documents. Plon et Nourrit, éditeurs, Paris, 1910...................... 0 fr. 25

POUR PARAITRE PROCHAINEMENT :

L'enseignement public en Alsace-Lorraine. Hier et demain.

PÉDAGOGIE DE GUERRE ALLEMANDE

PAR

V. H. FRIEDEL

PARIS
LIBRAIRIE FISCHBACHER
33, RUE DE SEINE, 33

1917

HYPÉRION A BELLARMIN

« Ainsi, je parvins parmi les Allemands.

Des barbares depuis les premiers âges, devenus plus barbares encore par l'application et par la science, et même par la religion, profondément incapables de tout sentiment divin, corrompus jusqu'à la moelle pour le bonheur des saintes Grâces, offensant toute âme bien née par l'exagération et par la mesquinerie à tous les degrés, mornes et sans harmonie comme les tessons d'un vase qu'on jette, voilà, mon Bellarmin, quels étaient mes consolateurs.... C'est une parole dure, mais je la dis parce telle est la vérité : Je ne puis me figurer peuple plus dépenaillé que les Allemands. Tu vois des manœuvres, mais point des hommes ; des penseurs, mais point des hommes ; des prêtres, mais point des hommes ; des maîtres et des valets, des gamins et des gens posés, mais point des hommes. N'est-ce pas comme un champ de bataille où gisent pêle-mêle des mains, des bras, tous les membres déchiquetés, tandis que le sang de la vie répandu se perd dans le sable ?... Il n'y a chez ce peuple rien de sacré qui ne soit profané, qui ne soit dégradé pour devenir un misérable expédient, et tout ce qui, même chez des sauvages, demeure presque toujours divin et pur, ces barbares qui calculent tout, le pratiquent comme on pratique un métier... et ils ne peuvent le faire autrement. »

FRIEDRICH HÖLDERLIN.

(1770-1843).

[Ed. Ch. Th. Schwab (Cotta, 1846), vol. I, p. 142-145].

AVANT-PROPOS

La guerre était à peine déclenchée que déjà les Allemands se mirent au travail pour organiser les bénéfices de la victoire. Car, personne en Allemagne ne doutait qu'il n'en pût être autrement qu'après 1866 et 1870. On était prêt, les adversaires ne l'étaient point.

La pensée allemande évoquait bien, de temps à autre, les conséquences terribles d'une guerre européenne. Mais, c'était pour épouvanter les autres. Elle-même ne s'y attardait guère. On l'avait trop habituée à la concevoir comme « un mal nécessaire », voire comme « une épreuve envoyée du ciel ». Au citoyen qui se complaisait dans le confort des progrès lents, mais sûrs de la paix, on rappelait à tout instant les dictons qu'il avait paraphrasés à l'école : *Si vis pacem para bellum ; Der Krieg ist ein grosser Lehrmeister*, (la guerre enseigne de grandes leçons) ; etc., etc. « C'est rendre la guerre humaine que de la faire brève et brutale », recommandait-on aux recrues et aux officiers, lesquels, à leur tour, ont fait accepter cette manière de voir aux civils.

Telle était la mentalité allemande en 1914.

***

Il est assez piquant d'entendre la propagande d'Outre-Rhin alléguer l'insuffisante éducation politique du peuple allemand comme une preuve que l'Allemagne n'a pas déchaîné la guerre.

Le monde entier en juge autrement aujourd'hui. On savait qu'en fait de politique nationale les Allemands sont restés des mineurs. On sait à présent qu'en matière de politique mondiale ils sont encore plus réfractaires. Et, logiquement, le monde voit dans leur manque de maturité politique une des preuves les moins discutables de leur culpabilité.

L'impérialisme bismarckien et les ambitions de la « Kultur » avaient mené les Allemands dans une impasse. Entourés de nations chez lesquelles les rapports de l'individu vis-à-vis de l'État et les relations mutuelles entre peuples évoluent suivant les principes de la liberté et du droit, ils n'en pouvaient sortir que par la diversion sanglante d'une guerre. Comme en 1866 et en 1870, ils avaient la volonté de réussir et l'espoir de tirer du cataclysme provoqué la solution des problèmes posés par leur propre politique, mais rendus insolubles par les réalités issues de celle de tous leurs voisins. De là leur cauchemar de l'encerclement.

***

Qui a créé cette mentalité? Qui a retardé l'éducation politique?

L'Allemagne n'est pas un pays d'ignorants. Incriminer le gouvernement, les partis poliques, le clan militaire, ce serait absoudre la nation. On a voulu faire cette distinction. On a opposé aux attitudes des dirigeants, tantôt conciliantes, tantôt brutales, les résistances courageuses de quelques représentants du peuple et les dispositions pacifiques de nombreux individus. C'est méconnaître la discipline qui a été imposée au pays entier par les pédagogues selon les formules de l'Etat, leur patron.

Les pédagogues ont été les premiers à dégager les leçons de la guerre, ce « grand maître ». La Belgique venait d'être écrasée atrocement, quand les plus autorisés d'entre eux commencèrent à développer dans les grands quotidiens leurs projets de « l'école de demain », de « l'école de la nouvelle Allemagne », de « l'école allemande », et à disserter sur les principes de la « pédagogie de l'avenir », de « l'éducation militaire de la jeunesse », etc., etc. La controverse s'alluma aussitôt, générale et passionnée.

Ce n'est pas l'effet d'un hasard. Il est significatif aussi que l'Administration et la Censure ont « laissé faire ». Malgré les divergences de leurs systèmes, les auteurs des projets pédagogiques visaient tous au renforcement de la puissance nationale. Cependant, les réformes préconisées ne sont point nouvelles, tant s'en faut. Jadis, en temps de paix, la résistance parlementaire et le jeu de bascule du Gouvernement les avaient ajournées. Aujourd'hui, les expériences de la guerre et les aspirations tanionales pour le lendemain leur donnent un regain d'actualité. Les contradictions, les excès mêmes, ne font que souligner leur véritable portée. Au moment où le Gouvernement avait besoin de soutenir l'élan national, les discussions sur la puissance de l'Allemagne par l'éducation des générations montantes étaient les bienvenues.

Ce n'est pas davantage le désir de profiter de l'enthousiasme patriotique et de la trêve des partis politiques pour réaliser des réformes jadis écartées, qui a fait agir les pédagogues avec tant d'empressement. Ils continuent tout simplement leur tâche officielle. Ne leur avait-on pas répété sans cesse que les victoires de 1866 et de 1870 étaient leur œuvre? En 1914, on leur a dit qu'il s'agissait de vaincre une fois de plus pour sauver la « Kultur » menacée, cette « Kultur » qu'ils ont édifiée et exaltée.

C'était donc à eux, tout naturellement, d'exploiter les succès de la guerre avant tout le monde et d'en prôner les leçons.

L'empressement des pédagogues d'occuper l'opinion dès les premiers jours de la guerre, procède de leur souci et de leur devoir de maintenir la mentalité du peuple au diapason de Berlin. Ce sont eux qui ont créé la mentalité qui a stupéfié le monde. C'est grâce à leur apostolat que le peuple allemand n'a pu atteindre la maturité politique nécessaire pour s'assurer un développement intérieur et extérieur conforme aux principes de la civilisation générale de nos jours.

***

Les chapitres qu'on va lire, relatent les principaux objets de cette « pédagogie de guerre allemande ». Nous n'avons pas craint de nous servir, pour les composer, de notes prises au jour le jour, depuis la guerre, dans les grands journaux d'Outre-Rhin. La presse est une source trouble, en ce moment plus qu'à l'ordinaire, nous le savons. Mais les articles que nous utilisons, sont signés de noms connus en pédagogie. Naguère, les pédagogues cotés et les hauts fonctionnaires ont développé leurs idées dans des brochures documentaires et dans des ouvrages imposants. Aujourd'hui, ils cherchent à atteindre le grand public par des résumés plus vifs et par des jugements plus concis. Leur campagne de presse n'est pas moins sincère que l'était leur enseignement magistral.

Nous n'avons fait état d'articles anonymes que lorsque ces articles ont paru dans des journaux inspirés ou réputés tels.

Nous avons très peu suivi les feuilles extrêmes dans un sens ou dans un autre.

A notre tour, nous voudrions que la guerre enseignât au monde une grande leçon. La pédagogie allemande a dévoilé, dès août 1914, ses véritables tendances. Elle a dépouillé le caractère idéal et humaniste pour devenir franchement utilitaire et nationaliste. La « patrie de la pédagogie » a forfait à sa réputation.

Décembre, 1916.

I

VERS LA CENTRALISATION DE L'ENSEIGNEMENT PUBLIC

PÉDAGOGIE DE GUERRE ALLEMANDE

I

VERS LA CENTRALISATION DE L'ENSEIGNEMENT PUBLIC

Pour fonder l'empire, Bismarck a truqué la dépêche d'Ems. Il savait que seule une guerre contre « l'ennemi héréditaire » lui permettrait de grouper le particularisme allemand autour de l'étendard prussien. La victoire obtenue, le même particularisme l'obligea de s'arrêter, dans la constitution de son empire, au principe fédératif. Mais toute son activité ultérieure tendra à pénétrer cet organisme d'un esprit unique, fièrement national (*deutscher Reichsgedanke*), et à le consolider par une centralisation étroite sous l'hégémonie de la Prusse. Et comme il était convaincu que « cela n'irait pas sans une nouvelle guerre », il s'y préparait. Et attendant l'occasion, il eut soin d'aménager le cadre de l'unification projetée.

***

Au point de vue militaire, l'empire allemand est, aujourd'hui, un Etat uni. Le roi de Prusse, en sa qualité d'empereur, en est le chef suprême et absolu. La discipline prussienne y règne. Le particularisme des confédérés est réduit à quelques différences d'uniformes, qui disparaissent en temps de guerre, et à des dénominations sans importance. Mais, il paraît que les recrues des Etats du Sud n'apportaient pas à la caserne les mêmes connaissances, le même esprit, la même préparation physique et morale que celles de la Prusse. Aussi l'Etat-Major impérial avait-il prévu, pour le cas d'une guerre, la mobilisation immédiate de toute la jeunesse allemande en vue d'une préparation militaire uniforme[1]. Elle fut décrétée en août 1914. C'est l'amorce d'une institution « impériale » qu'il est question de maintenir après la guerre.

Au point de vue juridique, l'empire a évolué nettement vers une législation impériale commune

1. Voir ci-dessous, chap. II.

pour tous les Etats de la confédération. Cependant, l'application de l'état de siège et des mesures de guerre édictées par Berlin au début des hostilités semble avoir produit des réactions différentes dans les divers pays allemands. Faut-il croire que les populations de la Saxe ou de la Bavière, par exemple, n'aient pas appris encore à se comporter vis-à-vis de l'autorité impériale prussianisante avec la même docilité que les habitants des Marches de Brandebourg? et que leur « éducation impériale » soit incomplète? Toujours est-il que les généraux commandant les régions ont pris des arrêtés de police que les zélateurs de Berlin voudraient voir transformés en règlements permanents d'empire pour après la paix[1].

Au point de vue constitutionnel et politique, Bismarck et les impérialistes éprouvèrent des déconvenues sérieuses. Les groupements particularistes avaient disparu, usés en de vaines protestations. Mais des partis politiques puissants s'étaient constitués et ne tardèrent pas à faire sentir leur force au gouvernement, tantôt par une pression indiscrète, tantôt par l'intransigeance de leur opposition. En même temps, l'essor économique du pays accentuait l'antagonisme entre les classes

1. Voir ci-dessous, chap. III, p. 77 et suiv.

productives et les dirigeants. Les relations plus fréquentes avec l'étranger et le bien-être croissant produisaient dans la bourgeoisie des états d'esprit peu compatibles avec la discipline telle que l'exige la doctrine prussienne. Il demeurait dans l'âme des Allemands, dans le Centre et le Sud surtout, un fond d'idées démocratiques, auxquelles les succès de l'initiative individuelle dans l'industrie et dans le commerce et la diffusion intense de l'instruction pouvaient donner une force nouvelle. Comment empêcher cette éclosion et assurer aux leçons de la guerre une efficacité durable au profit de l'unité politique de l'Etat et de la race?

C'était précisément à l'enseignement public, développé ailleurs pour le bien des principes d'émancipation démocratique, que Bismarck et ses continuateurs ont confié le soin d'asservir les tribus allemandes à l'empire centralisé.

L'unité est faite, selon leur souhait, dans l'enseignement supérieur. Les universités et les hautes écoles sont les alliées naturelles du gouvernement de Berlin[1].

L'enseignement secondaire est considéré plus que jamais comme l'école de l'« élite ». Il prépare aux universités et aux carrières, non seulement les

1. Voir ci-dessous, chap. VI.

enfants des classes élevées, mais les meilleurs éléments de la petite bourgeoisie qu'il attire ainsi vers les sphères dirigeantes. La controverse pédagogique entre « classiques » et « modernes » a toujours eu un arrière-plan politique. Guillaume II y est intervenu en personne, aux conférences de 1890 et de 1900, pour qu'on donnât à cet ordre d'enseignement un caractère uniformément allemand, patriotique et national.

Il était naturel que les maîtres de l'enseignement primaire prussiens se fussent laissé gagner par l'exemple[1]. Déjà en 1908, l' « Association des maîtres allemands » (*Deutscher Lehrerverein*), puissante société pan-allemande, fit campagne pour une « législation scolaire impériale ». Tout récemment, un professeur de l'enseignement secondaire osa écrire, dans un périodique professionnel, que « le dispersement de l'organisation scolaire allemande, avec tous ses contrastes et avec toutes ses contradictions frappantes, dépassait vraiment les *particularités justifiées et tant vantées des Etats confédérés* ».

Ce qui peut étonner, c'est l'obstination de la Prusse à méconnaître la supériorité de l'école primaire en Saxe et dans les Etats du Sud. Pour bien des détails d'organisation, elle a été obligée de

1. Voir ci-dessous, chap. IV.

prendre modèle sur celle des Etats voisins. Mais, elle n'a laissé passer aucune occasion pour leur recommander l'esprit patriotique et la valeur morale de la sienne. En vérité, les « contrastes et les contradictions » proviennent de ce que l'enseignement primaire a partout un caractère démocratique qu'il n'a guère en Prusse. Pour le faire oublier, le gouvernement de Berlin a montré une sollicitude inlassable à l'égard du personnel enseignant, tout en le gardant bien en main. Nulle part des éloges plus pompeux des mérites patriotiques de l'instituteur n'ont été prononcés qu'à la tribune des Chambres prussiennes, sans que, toutefois, les intéressés en aient tiré un avantage social appréciable. Qu'importe! ces appréciations ont été répétées à d'autres tribunes de l'empire, ressassées dans la Presse et dans les Congrès. Et l'instituteur allemand s'est appliqué de son mieux à les mériter[1].

Etait-on bien sûr à Berlin que l'éducation « impériale » fût à toute épreuve? Pour entraîner à la

1. Reprenant une phrase inventée par je ne sais qui, ni où, le docteur Rob. Kahn déclare « que l'instituteur allemand marche toujours en tête du peuple allemand ». *(Der deutsche Schulmeister marschiert auch heute an unseres Volkes Spitze). Gazette de Francfort*, 12 juin 1915 (*Volksbildung und Wehrhaftigkeit*, par le docteur Rob. Kahn).

guerre les universitaires et les bourgeois, l'imposture était superflue. L'expédient de la patrie attaquée, appuyé par la trêve politique vigoureusement imposée (ailleurs elle est consentie librement), rappelle trop la manière du chancelier de fer, pour que nous n'y voyions pas une précaution ajoutée « pour plus de sûreté » à la propagande impérialiste dans les milieux populaires.

La guerre, une fois de plus, a « amalgamé » les Allemands entre eux. Et pour que cette fois-ci l'alliage soit définitif, les promoteurs de l'empire centralisé ont aussitôt repris la campagne pour *une organisation impériale de l'enseignement public à tous les degrés.*

***

Dès le début des hostilités, les administrations scolaires de tous les pays allemands ont invité leur personnel à rendre accessibles à la jeunesse les enseignements de la guerre dans la plus large mesure possible. Il leur a paru indispensable d'intéresser directement les enfants « aux grands événements dont ils sont les témoins inconscients ».

En quelques mois, les résultats de cette propagande scolaire purent être soumis au public de la capitale.

Le 21 mars 1915, le Ministre de l'Instruction publique de Prusse inaugura à Berlin l'*Institut central empereur Guillaume II pour l'éducation et l'enseignement*, espèce de musée pédagogique[1] dont le but premier était de conserver, en les tenant à jour, les collections pédagogiques réunies à grands frais, en 1910, à l'Exposition universelle de Bruxelles. Pour ses débuts, le nouvel Institut avait organisé une exposition spéciale *L'Ecole et la Guerre*. On y voit, nous dit-on, des rédactions d'élèves sur les glorieux épisodes de la guerre, des dessins et des croquis topographiques relatifs aux batailles, des modèles d'appareils de guerre, des travaux manuels de filles destinés aux soldats, des graphiques illustrant la part des écoles aux œuvres de guerre, des lettres d'écoliers aux « gris » et les réponses du front, et jusqu'à des recueils de poésies guerrières et patriotiques composées par des écoliers. Dans des conférences fréquentes[2], des experts commentent cette « image vivante de la participation du petit monde des écoles à la guerre » et apprécient

1. Voir entre autres : *Gazette de Francfort*, 24 avril 1915 : *Berliner Tageblatt*, 20 mars 1915. La ville de Leipzig a suivi l'exemple en juin (*Berliner Tageblatt*, 15 juin 1915).

2. Nous aurons l'occasion de citer l'une ou l'autre de ces conférences.

les moyens et les méthodes d'enseignement qu'elle suggère.

Cet Institut n'est encore qu'une création de la Prusse. Mais, puisqu'il centralise tout ce qui se rapporte à l'école allemande, même en dehors des frontières de l'empire, et qu'il s'attache surtout à dégager les enseignements de la guerre pour toute la patrie allemande, l'idée s'offrait d'elle-même d'en faire un organe impérial. D'un centre d'études et d'informations au service des écoles de tous les pays allemands, cet Institut se développerait par la force des choses en une Administration centrale (*Reichsschulbehörde*), à laquelle ressortiraient toutes les questions générales où l'uniformité serait à souhaiter, telles que la préparation professionnelle du personnel enseignant, la durée des classes et des vacances, les limites des programmes, l'étendue de l'obligation scolaire, etc., etc. C'en serait bientôt fait de l'autonomie scolaire des Etats confédérés[1].

Peu de temps après l'ouverture de l'*Institut pédagogique central* s'est formé un *Comité allemand pour l'éducation et l'enseignement*, auquel ont adhéré aussitôt les principales sociétés pédago-

1. *Die Notwendigkeit einer Reichsschulbehörde*, par le *Lehrer* Menzel (*Gazette de Voss*, 10 août 1916).

giques, des spécialistes renommés comme Rein, Wychgram, etc., et des hauts fonctionnaires de l'Administration. Ce Comité se propose de mettre à l'étude le moyen de réaliser les divers problèmes pédagogiques que la guerre a posés ou ramenés en discussion. Dans son programme, nous notons les questions suivantes : synthèse en un seul organisme homogène de toutes les organisations destinées à la formation de la jeunesse, depuis la protection de la première enfance et la salle d'asile jusqu'aux universités et à l'armée; création de « l'école fondamentale allemande » (*Deutsche Grundschule*); sélection rationnelle des « élites »; développement de l'école allemande à l'étranger; revision des privilèges conférés aux divers établissements scolaires; éducation physique et militaire des écoliers et des adultes; éducation de la jeunesse féminine, y compris « l'année de service des femmes[1] », etc.

Le *Comité allemand* est dû à l'initiative d'un professeur de l'enseignement secondaire. Il eût été étonnant qu'un membre de l'enseignement supérieur ne dît pas aussi son mot dans une question qui intéresse plus particulièrement l'enseignement

1. *Gazette de Voss*, du 23 janvier 1916, édit. du matin. Voir ci-dessous, chap. VII.

primaire. C'est un futur professeur d'université, le Privatdocent docteur Max Brahn, de Leipzig, qui s'en est chargé[1]. M. Brahn, lui aussi, juge qu'il serait temps de faire cesser la multiplicité des organisations scolaires allemandes, résultant du fait que chaque État confédéré règle son enseignement public comme il l'entend. Lors de la fondation de l'empire, on n'a pas songé à l'importance qu'aurait pour l'idée impériale allemande l'éducation uniforme des générations nouvelles. Rien n'est prévu à ce sujet dans la Constitution de 1871. L'initiative de Guillaume II, convoquant en « conférences », à Berlin, les pédagogues de tout l'empire pour discuter des questions d'enseignement secondaire, est un précédent. La Prusse n'a-t-elle pas très souvent montré à ses confédérés le chemin des réformes et des organisations pédagogiques? Or, à part une petite « commission[2] », instituée auprès du Ministère des Affaires étrangères pour s'occuper des écoles allemandes hors de l'empire, il n'existe aucun organe impérial chargé de créer des liens entre les écoles des divers pays allemands eux-mêmes. Cependant, il est, dans l'enseignement, des méthodes

1. *Berliner Tageblatt*, 16 janvier 1916 (2e suppl.)
2. Au budget de 6.500 marks.

et des matières qui concourent au bien de la nation tout entière et qui, par conséquent, doivent être les mêmes du Nord au Sud, de l'Est à l'Ouest. L'éducation physique dont le but est l'aptitude militaire, l'enseignement civique et moral qui doit viser au loyalisme absolu envers la patrie allemande, l'enseignement de la langue, de l'histoire et de la géographie nationales ne devraient différer nulle part. Il en est de même pour d'autres matières du programme.

Le moment est venu, croit M. Brahn, pour cimenter l'union opérée par la guerre et pour mettre fin aux inconvénients que le particularisme a causés en temps de paix. Une « conférence d'empire » (*Reichsschulconferenz*) s'impose, selon lui. Il faudrait appeler, cette fois-ci, des hommes de toutes les professions à y siéger à côté des pédagogues, si l'on veut que l'école soit organisée, enfin, conformément aux exigences pratiques et nationales de l'heure présente et future. On laisserait les États confédérés régler les modalités de détail. Afin d'assurer la continuité des décisions de cette conférence, un organisme central permanent de l'instruction publique, quelque chose comme un sous-secrétariat impérial, fonctionnerait à Berlin pour fixer et pour faire appliquer les principes conducteurs et généraux de l'éducation uniforme de la jeunesse allemande en vue de l'unité intime de l'empire[1].

*
* *

Voilà, énoncée sans périphrases, l'idée directrice politique de la pédagogie de guerre allemande. Nous la retrouverons au fond de chacune des controverses résumées dans les chapitres suivants. De même que certains pédagogues honnêtes en Allemagne, nous avons été surpris de voir un mouvement pédagogique éclater avec une telle âpreté au moment où le pays engageait une lutte armée qu'il savait devoir être formidable. Ce n'est donc pas un mouvement de restauration et de réorganisation scolaire, comme il s'en est produit, en Allemagne et ailleurs, à la suite de violentes convulsions politiques, mais une campagne politique déguisée sous la pédagogie et préparée de longue main. Voilà pourquoi la déclaration de la guerre l'a fait éclore, pour ainsi dire, automatiquement. Pour la première fois, disait-on à la nation, l'empire défend son existence contre des ennemis jaloux et implacables. L'épreuve l'a trouvé uni.

1. Voir ci-dessous, chap. IV, les projets de la *Einheitsschule* ou *Grundschule*.

Les dissensions politiques se sont tues. Cette union doit survivre à la lutte armée, scellée à jamais par la « pensée d'empire ». Toute la vie, toutes les forces de la nation doivent, désormais, se concentrer dans cette pensée. La race allemande doit être en mesure de récolter tous les fruits de la victoire. Il faut donc que la même éducation de tous les citoyens procure à l'empire, dès maintenant, les forces physiques, morales et intellectuelles nécessaires.

Que les Allemands cherchent à centraliser leur enseignement public, c'est là un postulat logique — quoique difficilement réalisable[1] — de leur politique impériale à l'intérieur. Il a paru opportun au parti dominant de déclencher un mouvement dans ce sens en liaison étroite avec la politique et avec les buts de la guerre. Aussi n'est-ce pas d'une éducation généralement humaniste qu'il s'agit, ni même d'une éducation simplement nationale, telles que les voulaient les penseurs allemands

1. A la Diète bavaroise (59e séance de la commission du budget, du 1er février 1916) un orateur a violemment combattu l'idée d'un *Reichsschulamt* (office impérial de l'enseignement public). Le Ministre a répondu que l'idée n'a paru dans la presse qu'*occasionnellement*, que le Gouvernement impérial n'avait pas pris d'initiative en ce sens, et que d'ailleurs une telle centralisation n'était pas conforme à la Constitution de l'empire.

du début du XIXe siècle, mais *d'une éducation politique et nationaliste* conforme à la nouvelle religion allemande qui s'appelle la « Kultur ». La pédagogie de guerre allemande dépasse donc le domaine de la pédagogie. Elle menace même de dépasser celui de la politique intérieure allemande. Les conséquences des remaniements pédagogiques possibles et l' « Allemagne nouvelle » (*Neudeutschland*) qui en sortira, ne doivent pas nous laisser indifférents. C'est une partie décisive de l' « après-guerre » qui se prépare au delà du Rhin. Suivons-la de près.

Il est possible de dégager dès maintenant quelques-uns des principes de cette « pédagogie de guerre » et de nous faire une idée de ce que sera l'école de l' « Allemagne de demain », même si elle n'était pas réalisée aussi complètement que le désirent aujourd'hui la majorité des Allemands.

II

L'ÉDUCATION PHYSIQUE
ET LA PRÉPARATION MILITAIRE

II

L'ÉDUCATION PHYSIQUE ET LA PRÉPARATION MILITAIRE

« On a dit que le maître d'école avait gagné nos batailles. Le savoir seul n'élève pas l'homme à la hauteur morale où l'on est prêt à sacrifier sa vie pour une idée, pour le devoir accompli, pour l'honneur du pays. Il y faut toute l'éducation du soldat. Ce n'est pas le maître d'école, mais bien l'éducateur, l'Etat, qui a gagné nos batailles, l'Etat qui, depuis soixante ans, pousse l'éducation de la nation vers la vigueur physique et la santé morale, vers l'ordre et la ponctualité, vers la fidélité et l'obéissance, vers le patriotisme et la virilité. »

Ce programme d'éducation militariste a été tracé devant le Reichstag, en 1874, par le feld-maréchal de Moltke à l'intention des confédérés que le coup de force de Bismarck avait groupés autour de l'aigle des Hohenzollern en 1870, et qu'il s'agissait, maintenant, d'entraîner en vue des nouvelles réalisations impériales selon l'idéal prussien.

L'allusion à l'époque lointaine, où le « père de la gymnastique » allemande (*Turnvater*) Fr. L. Jahn prêcha l'éducation physique dans le but avéré de préparer le pays à la lutte sans merci contre « l'ennemi héréditaire », éclaire suffisamment « l'idée » pour laquelle les générations montantes de l'empire devront être prêtes à s'immoler sans murmure. Au temps des guerres contre Napoléon, les universités avaient pris la tête du mouvement. Depuis lors, elles n'ont pas cessé de faire une réclame tapageusement militariste à la vaillance physique, au profit de « l'idée nationale allemande » (*Deutscher Nationalgedanke*). L'« Etat éducateur » avait inscrit la gymnastique (*Turnen*) dans le programme des écoles secondaires (bourgeoises) dès 1842, et dans celui des écoles primaires (populaires) en 1862. Maintes fois depuis, les méthodes des exercices scolaires ont été l'objet de discussions pédagogiques et de réformes. Les continuateurs de Moltke pouvaient se dispenser d'y intervenir ouvertement. Toute la pédagogie allemande évoluait, à leur gré, vers l'idéal nationaliste et militaire[1]. Guillaume II, plus loquace, le préci-

1. Les chiffres donnés par le Ministre de l'Instruction publique de Prusse à la Commission du budget de la Chambre des Députés, le 6 janvier 1916, sont éloquents : 51.018 instituteurs mobilisés; plus de 6.000 tombés; plus d'un cinquième des élèves des écoles préparatoires et normales, partis comme volontaires, égalements tués. Dans la séance du 16 mars 1916, le Ministre a indiqué que sur les 15.700 Oberlehrer de Prusse 7.000 étaient aux armées.

Die Lehrer-Kollegien im Krieg, par le professeur docteur P. Hildebrandt (*Gazette de Voss*, du 5 décembre 1915, 5e suppl.), nous apprend qu'un gymnase de Berlin avait perdu 18 professeurs sur 33; dans d'autres, un tiers étaient mobilisés.

Un député national libéral a prétendu qu'avec les élèves de seconde mobilisés on formerait « presque un corps d'armée ». (*Gazette de Cologne*, 17 mars 1916). Le député socialiste Hoffmann a parlé de 20.000 écoliers volontaires, parmi lesquels beaucoup d'élèves de troisième âgés de 15 ans; les grands chefs ont dû arrêter l'afflux de ces recrues parties *in der Aufpeitschung der Leidenschaften in der ersten Zeit, und um vom Schulzwang loszukommen. Man ruhmt sich noch, dass die Lehrer mit halber List sie dazu bekommen haben* (« dans le fouettement des passions des premiers temps, et pour s'affranchir de l'obligation scolaire. On se vante aussi que les maîtres les y ont amenés à moitié par la ruse. ») (*Vorwärts*, 18 mars, 1er suppl.).

Enfin, en été 1915, 81 pour cent des étudiants inscrits dans les universités, écoles techniques supérieures, etc. étaient aux armées ou dans les services auxiliaires; en hiver 1915-16, même 84 pour cent, c'est-à dire plus de quatre cinquièmes, ou, calculés d'après la fréquentation du dernier semestre de paix, environ 56.000 étudiants. Le même hiver, 10.000 jeunes gens seulement de nationalité allemande suivaient *effectivement* les cours. (*Tägliche Rundschau*, 5 juin 1916).

sait chaque fois qu'il eut l'occasion de parler aux pédagogues. On pratiquait les exercices physiques soi-disant pour eux-mêmes, pour l'amélioration de la race, pour le bien de la santé publique, mais on leur conservait l'allure et l'esprit militaires. On sommait l'Administration (qui ne demandait que cela) de ne pas les laisser sacrifier aux études inutiles, d'en renforcer le caractère obligatoire, de créer le nombre suffisant d'instituts spéciaux pour faire de chaque professeur, de chaque instituteur, un parfait instructeur d'éducation physique[1].

On se rappelle les critiques tantôt sarcastiques, tantôt menaçantes, qu'on nous adressa naguère d'Outre-Rhin à propos de nos bataillons scolaires, de l'allure patriotique de nos sociétés de gymnastique (telles que l'Alsacienne-Lorraine) et de notre enseignement du tir dans les écoles primaires.

1. On sait que déjà beaucoup de professeurs (*Oberlehrer*) de l'enseignement secondaire ajoutent à la *facultas docendi* du grec, du latin, des langues vivantes, etc., celle de la gymnastique. On voudrait généraliser cette « exception » et faire de la gymnastique une matière principale (*Hauptfach*), de manière à ne confier qu'à des *Oberlehrer* l'enseignement de la gymnastique dans ces écoles. Des cours normaux de vacances ont été organisés à l'usage des membres de l'enseignement en général, hommes et femmes. Berlin possède un institut normal très complet pour la formation de maîtres de cette spécialité.

Aujourd'hui, les Allemands citent nos sociétés de préparation militaire en apparence pour nous faire reproche de « militarisme » et d'esprit de « revanche », mais en vérité pour étayer leurs propres projets du précédent de notre exemple[1].

Lorsqu'en août 1914 l'Etat-Major allemand mobilisa la jeunesse, il devint clair que le discours de Moltke n'avait pas été une simple manifestation oratoire devant le Parlement. L'éducation physique tendant à l'efficacité militaire faisait bien partie des préparatifs poursuivis par le Ministère de la Guerre en vue du conflit escompté. Du coup apparut dans la grande presse le terme même « d'éducation militaire » (*militärische Jugenderziehung; Erziehung zur Wehrhaftigkeit, etc.*). La censure laissa se rallumer la discussion sur ce sujet controversé, puisque le triomphe de l'élan national sur les scrupules des pédagogues idéalistes était assuré.

En effet, l'opinion y avait été préparée également en dehors de l'école. Les innombrables sociétés de gymnastique (*Turnvereine*) s'étaient unies, après 1870, en une vaste et puissante organisation (*Turnerschaft*), dont les tendances ne

1. *Tägliche Rundschau*, 7 janvier 1916 (édit. du soir).

tardèrent pas à se confondre avec le nationalisme orgueilleux et la parade agressive du pangermanisme. L'entraînement physique eut sa place dans toutes les associations politiques, sociales et religieuses. On s'efforçait, dans les formations purement sportives, d'effacer l'esprit des modèles anglais et d'y faire régner la tenue et les visées chères aux militaires. Enfin, la préparation militaire s'affichait nettement dans les associations d'enfants et de jeunes gens, de création récente, dont les dénominations sont des programmes : les *Pfadfinder* (boy-scouts), le *Jugendsturm*, la *Jugendwehr* (de Berlin), le *Jungdeutschland*, le *Wehrkraftverein* (de Bavière), etc.

Bref, le pragmatisme militaire dont on se défendait officiellement, avait pris le dessus partout où l'on pratiquait des exercices physiques, et on en pratiquait pour ainsi dire à propos de tout. Le nationalisme de Bismarck et le militarisme de Moltke avaient « mûri » la nation pour l'effort qu'on savait imminent[1].

1. *Jungdeutschland*, *Neudeutschland*, *Alldeutschland*, *Mitteleuropa* (jeune Allemagne, nouvelle Allemagne, Pangermanie, Europe centrale) marquent assez clairement les étapes du rêve germanique : ce sont des termes qu'on rencontre à chaque page dans la presse allemande des dernières années.

***

Le 14 août 1914, quinze jours après la mobilisation militaire, Guillaume II sanctionna un décret de son Ministre de la Guerre, contresigné par les Ministres de l'Intérieur et de l'Instruction publique et ordonnant la création de « compagnies de jeunes gens » (*Jugendcompagnien, Jungmannen, Jungmannschaften*)[1]. Les écoles, les sociétés de gymnastique et de sport, les corporations et les municipalités furent invitées à réunir en bataillons tous les jeunes gens de 16 ans (et même de 15 ans) susceptibles de recevoir un entrainement physique et une instruction les préparant au métier militaire. On comptait sur le patriotisme des jeunes hommes pour s'enrôler, et sur celui des parents, des patrons et des autorités pour les y engager. Par des instructions directrices (*Richtlinien*) le Ministre de la Guerre fit savoir en quoi devait consister la préparation des futures recrues : entrainement du corps et des sens, marches, reconnaissances, exercices de signaux, choix de terrains, estimation des

1. A l'âge de dix-sept ans tout citoyen allemand est *Landsturmpflichtig*, c'est-à-dire mobilisable pour la territoriale.

distances, bref tout ce qui met un jeune homme en état de devenir rapidement un soldat apte à faire campagne, à commencer par la discipline. On excluait de ce programme le maniement d'armes et le « drill » spécial, qui demeuraient réservés à la caserne.

Le fait que cette mobilisation d'enfants fut décrétée par l'empereur, chef suprême des armées impériales, indique qu'elle devait s'opérer dans l'empire tout entier. Le motif avoué de la mesure, qui était de « faciliter l'instruction dans les dépôts des jeunes gens en âge d'être appelés sous les drapeaux à bref délai », et sa limitation à la durée de l'état de guerre, ne pouvaient tromper que ceux qui croyaient à une précaution dictée par les circonstances. En réalité, le Gouvernement de Berlin avait des visées plus lointaines. L'exploitation complète et implacable de la victoire devait créer l'Allemagne nouvelle (*Neudeutschland*) rêvée par le germanisme, une Allemagne centralisée définitivement sous l'hégémonie de la Prusse et capable d'imposer ses volontés. Et comme toute politique là-bas commence par l'école et aboutit par l'armée, la mesure de guerre de l'État-Major fut saluée par l'opinion intéressée comme un pas décisif vers l'unification de l'enseignement public tout entier sous l'autorité impériale.

***

En Prusse, la préparation militaire de la jeunesse fut confiée aux préfets (*présidents de province*), c'est-à-dire aux représentants immédiats du gouvernement civil général. Mais, c'est un officier supérieur, adjoint spécialement à chaque président, qui organise et dirige les « compagnies de jeunes gens ». Les autres Etats de l'Allemagne se sont conformés à l'exemple de la Prusse. Pour les Marches de Brandebourg et pour Berlin, l'empereur a créé un « commissariat général », à la tête duquel il appela un général d'infanterie. Les Ministres de l'Instruction publique et du Commerce reçurent l'ordre de former des compagnies dans tous les établissements ressortissants à leurs départements, et d'y réduire l'enseignement de façon à permettre aux élèves incorporés de prendre part assidûment aux exercices. Là où le nombre ne suffira pas pour former une compagnie scolaire, les élèves devront s'enrôler, avec les jeunes gens libérés de l'école, dans les bataillons dont la création fut demandée aux sociétés, aux usines ou aux municipalités. Ces dernières furent requises d'aider le mouvement de tous leurs moyens.

***

Nous avons déjà indiqué le sens des premières instructions directrices (*Richtlinien*). Le Ministre les compléta au fur et à mesure de l'expérience. Elles sont codifiées à l'heure qu'il est. Des maisons d'édition publièrent des sortes de catéchismes, conformes aux buts visés par l'autorité militaire, à l'usage des instructeurs bénévoles civils. Car, la campagne se prolongeant, ceux de la première heure, en général d'anciens militaires, furent bientôt rappelés aux armées.

Tout a été prévu par le Ministre pour la préparation exigée : achats d'outils et de cartes, facilités de transport[1], contrats avec des compagnies d'assurances pour dégager la responsabilité des instructeurs en cas d'accidents, etc., etc.

Dans les premiers temps, ce fut un enthousiasme général. Puis vint la période de réflexion et de critique. On vit à Berlin et ailleurs des

1. Les instructeurs ont le transport gratuit vers les champs d'exercice : les pupilles jouissent de fortes réductions. La Commission du budget du Landtag prussien aurait voulu étendre la gratuité également aux directeurs et à toute personne collaborant à l'instruction des compagnies.

parades que l'opinion publique et les militaires eux-mêmes jugèrent grotesques[1]. Le Ministère dut rappeler qu'il ne voulait point qu'on « jouât aux soldats ». Chez les enfants, la monotonie et la fatigue de certains exercices, les séances d'instruction théorique, la discipline surtout calmèrent bien des élans. Les « écoles » ne devant pas avoir lieu le dimanche pour ne pas éloigner les enfants de l'église, des patrons et des parents estimèrent gênante et onéreuse l'absence du travail des jeunes ouvriers pendant une ou deux après-midis par semaine. Après tout, cette préparation n'était pas obligatoire. Elle était prévue pour la durée de guerre. Mais, la guerre s'éternisait. La vie renchérissait sans cesse, et souvent il n'y avait que le jeune homme pour gagner la subsistance de la famille ou pour cultiver la terre.

Si l'institution a pu prendre racine, néanmoins, c'est grâce aux écoles. Le personnel enseignant avait reçu ordre, dès les premiers jours de la guerre, « d'intéresser les élèves aux grands événements par tous les moyens possibles ». On surexcita si bien les jeunes cerveaux que les « compagnies de

1. *Die Veräusserlichung der militärischen Jugendpflege*, (Major Corsep, en Argonne) dans le *Berliner Lokal-Anzeiger*, du 7 février 1916.

jeunes gens » apparurent bientôt comme un dérivatif salutaire. Un mouvement se dessina en vue de l'obligation et de l'organisation permanente pour au delà de la guerre.

Au milieu de 1915, les « lignes directrices » avaient été précisées et les instructions complétées. La Presse s'employa pour éclairer et stimuler l'opinion[1]. Les pédagogues firent des propositions pour insérer dans les programmes scolaires une préparation dont le moindre inconvénient était, pourtant, un bouleversement certain des horaires traditionnels. C'est alors que des appréhensions sérieuses surgirent.

Pourra-t-on sans dommage pour l'avenir intellectuel de la nation abréger l'instruction de l'es-

1. L'article *Jugendcompagnien* du professeur docteur Walter Jesinghaus, de Berlin, dans le *Berliner Tageblatt* du 7 juin 1915, avait déjà pour but de stimuler le zèle des uns et de rassurer les appréhensions des autres En janvier 1916, les Ministres bavarois de l'Intérieur, des Cultes et de la Guerre envoyèrent une nouvelle circulaire commune aux généraux commandant les régions, aux préfets, aux municipalités et aux délégués de cercles et d'arrondissements, pour les remercier de ce qui avait été fait pour la préparation militaire des jeunes gens, et surtout pour les encourager à de nouveaux efforts. Il faut croire que le succès de la première année n'était pas complet. (*Dernières Nouvelles de Munich*, 27 janvier 1916, édit. du matin).

prit? Quelles matières sacrifiera-t-on? Aura-t-on des professeurs capables de rendre cette préparation aussi « pédagogique » que le veut, en apparence, l'autorité militaire? N'y a-t-il pas un danger, inévitable quoi qu'on fasse, à « militariser » l'école et, ajoutaient quelques politiciens de gauche, la vie civile tout entière[1]? Des militaires en signalèrent d'autres, celui, par exemple, d'un esprit militaire factice, qui ferait croire aux « bleus » qu'en arrivant dans les corps ils n'avaient plus rien à apprendre du métier. Appliquer aux choses civiles des méthodes militaires leur parut aussi dangereux que d'introduire à la caserne des méthodes civiles, « comme on l'a fait en France[2] ».

Nous ne pouvons analyser ici les articles et brochures sans nombre provoqués par la mainmise du Ministère de la Guerre sur la jeunesse[3]. A de

1. Voir ci-dessous, p. 37, note et p. 44.

2. *Gazelle de Francfort*, du 19 et 26 septembre 1915 : *Militarismus und Jugenderziehung*. « Laissons donc ces bêtises aux étrangers », dit le grave journal dans le premier article, en parlant des organisations imitées de l'armée. Le second est une lettre envoyée du front par un colonel bavarois. Ce militaire ne veut à aucun prix qu'on donne à l'éducation de la jeunesse en temps de paix quelque chose du « sublime et sacro-saint esprit militaire », que les enfants ne sauraient comprendre.

3. Les principaux articles de la presse pédagogique spéciale ainsi que les brochures et volumes ont été ana-

très rares exceptions près, les auteurs, pédagogues de profession ou d'occasion, se sont prononcés en faveur de l'initiative ministérielle. La préparation militaire des écoliers et jeunes gens est devenue une réalité, avec laquelle devra compter la pédagogie allemande de l'avenir.

***

En mars 1916[1], le Ministre de la Guerre de Prusse invita à un *cours d'instruction* des fonctionnaires d'administration, des pédagogues, des présidents de société de gymnastique, etc., des divers pays

lysés dans la presse quotidienne. En outre des articles déjà cités ou à citer *suo loco*, en voici quelques autres qui résument bien la controverse : *Militaerische Jugendausbildung* (Professeur docteur Hildebrandt), dans la *Gazette de Voss* des 20 mars 1915 et 6 février 1916. *Die Schulprogramme im Krieg*, dans le *Berliner Tageblatt* du 28 avril 1915. *Sport und Spiel. Die militaerische Vorbereitung der Jugend*, par le conseiller Suckow (de Francfort-sur-l'Oder), dans la *Gazette de Cologne*, du 10 mai 1916. *Sport und Spiel*, *ibid.*, 22 mars 1916.

1. Déjà en janvier 1916, le Ministre avait convoqué à Berlin les représentants des sociétés de gymnastique des cinq plus grands États confédérés. Le but de cette conférence était d'*unifier* les méthodes de la gymnastique allemande et de les mettre d'accord avec celles des écoles et de l'armée. (*Gazette de Cologne*, 22 mars 1916).

de l'empire. La conférence eut lieu dans la salle des séances de la Chambre des Députés de Prusse et dura plusieurs jours[1]. Les délégués du Ministre exposèrent à nouveau les vues de leur administration, en insistant sur le succès déjà obtenu. Les délégués civils apportèrent leurs expériences et soumirent leurs projets. Des démonstrations sur le terrain complétèrent les débats. Il apparut que le point capital était l'*obligation* de la nouvelle préparation. Sur ce point, les officiers du Ministère se sont tenus sur l'expectative. Ils eurent la satisfaction de constater que les avis en faveur de l'obligation étaient très motivés et prépondérants[2].

Dans les parlements et dans les diètes confédéraux, les discours sur ce sujet d'actualité occupè-

1. Tous les grands journaux ont rendu compte des séances et analysé les communications discutées, entre autres la *Gazette de Voss*, 23, 24, 25 mars, suppl. *Les Dernières Nouvelles de Munich* en ont pris occasion pour faire une propagande active en Bavière.

2. Le président du « Conseil de gymnastique de Berlin », le professeur docteur Reinhardt, a osé demander s'il n'était pas possible de se passer de l'obligation. Des « non » vigoureux ont répondu à sa question. Un des officiers du Ministère venait d'énumérer, à titre d'indication, sans doute, tous les désavantages d'un système facultatif. L'administration militaire compte beaucoup sur l'école primaire et surtout sur l'école complémentaire, qui sont l'une et l'autre obligatoires ; elle espère donc bien arriver à l'obligation.

rent la place d'honneur dans la discussion des budgets de l'Instruction publique. Les Ministres ont pris bonne note des opinions exposées, presque toutes favorables à l'obligation. Mais, le problème étant posé par l'administration de la Guerre et l'armée étant chose d'empire, ils s'en rapportèrent au *Reichstag* du soin de légiférer sur la matière[1].

1. *Die Jugendorganisation in Baden*, *Berliner Tageblatt*, 8 février 1916. A la Chambre bavaroise la discussion a été particulièrement ample. Le Ministre des Cultes a pris position dans la séance du 4 février 1916, il a conclu à *l'obligation* et *à une organisation uniforme pour tout l'empire et par l'empire*. Le représentant de l'administration militaire s'était prononcé dans le même sens. L'un et l'autre se sont rangés à l'avis du rapporteur, le docteur Wohlgemuth, et du député docteur E. Müller-Meiningen, Hof, dont la brochure : *Wir brauchen ein Reichsjugendgesetz* (chez Teubner, à Leipzig) reproduit les vues de Berlin. Les socialistes et quelques libéraux n'ont fait des réserves que sur l'obligation. En outre, les Ministres ont été invités à faire en sorte que leurs collègues prussiens ne conservent pas l'initiative qu'ils ont prise pour l'instant (*Dernières Nouvelles de Munich*, 27 janvier, 4, 16 février, 25 mars 1916, entre autres). L'Union des professeurs de l'enseignement secondaire en Bavière avait convoqué à Munich, le 24 avril 1915, toutes les organisations ayant intérêt au règlement futur de la question. Il fut décidé alors que, vu l'importance de l'*éducation militaire*, il convenait de réduire les heures de classe, les devoirs, les exigences aux examens, etc., afin de gagner le temps libre nécessaire; pour l'avenir, pourtant, cette éducation devait être ramenée au développement du corps et des sens.

***

Il semblerait que le Gouvernement impérial n'eût pas grande difficulté à faire voter une loi d'empire sur l'éducation physique de la jeunesse en vue de l'aptitude militaire des citoyens. Il peut même compter sur des voix socialistes[1]. On a imposé aux parents et aux patrons le devoir d'envoyer leurs enfants et les jeunes ouvriers jusqu'à 16 et 18 ans à l'école obligatoire de perfectionnement, qui a lieu tous les jours ouvrables pendant les heures de travail; on leur imposera bien encore l'obligation de les envoyer à l'entraînement militaire. Que pèseront, à l'égard d'un devoir national, les protestations de quelques pédagogues

1. Tous les socialistes ne pensent pas sur l'*Erziehung zur Wehrhaftigkeit*, c'est-à-dire sur l'éducation rendant apte au service militaire, comme Liebknecht (V. ci-dessous). Son collègue Hoffmann a déclaré que l'école et la « Wehrhaftigkeit » ne formaient qu'un, que celle-ci était affaire d'empire, que par conséquent son parti réclamait une « loi scolaire d'empire ». Les socialistes bavarois partagent cet avis, mais, de même que certains éléments libéraux, ils se sont déclarés hostiles à l'obligation. A la Chambre prussienne, les conservateurs ont demandé la « contrainte ». Le Ministre n'a fait aucune déclaration à ce sujet; il s'est borné à confirmer le dévouement patriotique du personnel enseignant et des élèves.

idéalistes, effrayés de la menace qu'on rognera sur les leçons de grec et de latin, de français et d'anglais, le temps qu'il exigera?

Mais, il ne suffira peut-être pas de l'appui d'une certaine opinion et d'une majorité au Parlement pour rendre l'institution viable. La question financière jouera un rôle décisif dans l'après-guerre des Allemands. L'État et les communes prendront-ils à leur charge les frais de la nouvelle obligation, alors que l'obligation scolaire générale, vieille d'un siècle, est restée jusqu'ici sans le corrélatif logique de la gratuité absolue? Jusqu'à présent, l'autorité militaire alloue aux compagnies de jeunes gens 50 pfennigs par pupille pour l'achat d'outils, d'instruments, de cartes, etc. Les réductions de transport en chemin de fer et en tramway constituent un bien faible appoint. Les municipalités sortiront de la guerre endettées pour longtemps et appréhendent des charges sociales plus impérieuses. Peut-on raisonnablement laisser aux parents le soin de fournir vêtements et chaussures qui s'usent très vite? C'est bien pour cela, plus peut-être que pour éviter des confusions avec l'armée, que le Ministre de la Guerre veut bien « tolérer » un uniforme, à condition qu'il soit simple et dépourvu d'ornements militaires. Enfin, l'obligation peut être assurée pour les jeunes gens soumis à l'autorité scolaire à un titre quelconque. Mais entre l'école et la caserne, à l'égard des jeunes gens de 18 à 20 ans qui travaillent, l'obligation ne serait applicable que si l'on transformait en agents de l'Etat les sociétés de gymnastique, les syndicats ouvriers, les associations politiques ou religieuses d'adultes, etc[1].

1. Une addition toute récente à la loi sur les syndicats ouvriers permet désormais aux jeunes gens de s'y faire inscrire comme membres actifs. Si l'on peut craindre, d'une part, de les voir se mêler prématurément aux discussions politiques, on espère, de l'autre, que cela mûrira leur esprit civique et que, si les syndicats organisaient l'entraînement physique, ils y emploieront les moments de loisir plutôt que d'aller au cabaret. Le pédagogue munichois docteur Kerschensteiner traite d'« étourderie dangereuse » le vote de ce paragraphe (*Die Woche*, fasc. 22, 27 mai 1916). — Les associations de jeunes gens catholiques de l'archidiocèse de Munich se sont déclarées prêtes à *collaborer* au développement physique de la jeunesse, mais en travaillant avant tout à son bien-être intellectuel et religieux (*Dernières Nouvelles*, 16 février 1916). — Les sociétés catholiques pour la protection de la jeunesse comptent 300.000, les sociétés protestantes 160.000 enfants, tous adhérents volontaires, appartenant à des familles « où règne un bon esprit ». Ces sociétés ont un but moral. Ce serait compromettre leur existence et leur influence, dit-on, que de les comprendre dans une organisation quelconque comportant une obligation. Le pasteur Dehn, de Berlin (*Deutsche Rundschau*, 17 juin 1916) est d'avis de laisser les associations pour la « cure de la jeunesse » (*Jugendpflege*) en dehors de la préparation militaire.

L'administration de la Guerre allemande s'apprête à battre le fer pendant qu'il est chaud. Mettant à profit les leçons immédiates de la guerre, elle fait faire une propagande qui flatte l'orgueil et les appétits de la nation. La politique et l'industrie, aussi bien que l'armée, de la nouvelle, de la plus grande Allemagne auront besoin, dit-elle, de *force* et *d'organisation*. L'armée n'a-t-elle pas marché de victoires en victoires grâce à l'une et à l'autre?

La *force* se perd par les maladies, qui sont trop souvent la conséquence de vices ou simplement d'abus de la vie[1]. La richesse, venue trop vite, a apporté au fruste Michel allemand le bien-être, le confort, le luxe; il semble qu'il en usait mal. Les moralistes farouches et les nationalistes

1. Les parlements allemands ont discuté de larges mesures légales ayant pour objet la protection de la première enfance. Toutes les nombreuses associations poursuivant le même but battent le rappel. Des campagnes actives sont menées contre les maladies vénériennes, contre l'alcoolisme, contre la mortalité des nourrissons, pour protéger les enfants naturels, amender les anormaux et relever les dépravés. On vante l'hygiène scolaire, on recommande la « pédagogie sexuelle. » Bref, tout ce qui à l'école ou autour de l'école peut contribuer à diminuer le déchet des générations à venir, est mis en œuvre. Les appels et les encouragements à la procréation et à la saine puériculture sont répandus à profusion.

ambitieux craignent pour l'avenir. Depuis longtemps, ils dénoncent « l'amollissement de la vaillance raciale » par les besoins croissants des classes laborieuses, par le scepticisme jouisseur des gens d'affaires fréquentant les « palaces internationaux », par les vices des cabarets soi-disant artistiques importés du dehors par les intellectuels. Il faut en revenir aux vertus « nationales » des vieux Germains, gros mangeurs et gros buveurs, et rudes batailleurs aussi, et suivre l'exemple des princes peu raffinés qui ont fait la puissance allemande : Bismarck et les Hohenzollern[1]. A ceux qui pensent ainsi, le Ministre a parlé selon le cœur, et pour l'instant, ceux-là sont la majorité[2]. Afin de conserver les biens acquis et de les augmenter, tout « Allemand de l'empire » doit pouvoir frapper du poing, faire sonner le sabre et avoir sa poudre sèche; c'est le secret des affaires et des ententes internationales fructueuses. Voilà ce qu'on a ressassé aux autres également nombreux, y compris les socialistes.

1. Beaucoup plus rares sont ceux qui demandent, dans un ordre d'idées plus « culturel » : *Zurück vom Deutschland Bismarcks zum Deutschland Gœthes.*

2. *Der wahrhaft herzerfreuende Erlass* (le décret qui vraiment a réjoui le cœur), dit le professeur docteur Hildebrandt, dans la *Gazette de Voss*, du 20 mars 1915, en parlant du décret qui mobilisa la jeunesse.

L'*organisation* exige de la discipline, ou, comme on dit là-bas, « la subordination joyeuse de l'individu aux intérêts de la communauté ». La préparation militaire de la jeunesse a précisément pour but, dit le Ministre de la Guerre, en rendant la race plus vigoureuse au physique et au moral, de mettre un frein à l'esprit d'indépendance personnelle, d'initiative large et d'activité libre, qui menace de dégénérer en un « subjectivisme » dissolvant. Pour le combattre, ce mal dont « périssent les démocraties », pour sauver la morale et la discipline allemandes, il n'y a que l'éducation militariste dès les bancs de l'école. Naturellement, ceux qui représentent l'école, les pédagogues fonctionnaires, pensent comme l'Administration. Or, ce que veulent les dirigeants et leur immense clientèle, ce n'est pas tant l'amélioration de la race (*Ertüchtigung*) que la vaillance efficace et disciplinée pour le métier militaire (*militärische Jugendvorbereitung, Erziehung zur Wehrhaftigkeit*).

Le Congrès des instituteurs allemands (*Lehrertag*), réuni symboliquement, pendant les jours de la Pentecôte à Eisenach, au pied de la Wartburg où Luther a traduit la Bible, a laissé percer cette distinction dans une résolution typique. L'assemblée a demandé à l'autorité militaire d'assurer par une loi d'empire *l'école préparatoire à l'armée* (*Heeresvorschule*) pour tous les jeunes gens à partir de 17 ans et susceptibles d'être enrôlés dans le *Landsturm*, mais elle était d'avis que, dans les écoles primaires ordinaires et complémentaires, on se bornât à *ajouter* à l'enseignement obligatoire de la gymnastique une instruction également obligatoire de la natation, de la marche, des jeux, etc., pendant une après-midi par semaine (déclarée libre, à cet effet, par la loi), de façon à ce que *tous* les jeunes gens reçoivent jusqu'à l'âge de 17 ans *une éducation et un entraînement physique uniforme en vue de l'école préparatoire à l'armée*[1]. L'institution de la *Heeresvorschule*, si elle se réalisait dans ce sens, n'aura rien de la démocratique « école des recrues » des Suisses, puisque l'esprit militaire y dominera et que les fins dernières en sont de tout autre nature.

⁂

L'imposture officielle de la patrie « attaquée par une coalition formidable » venait de faire l'union sacrée. Sous les yeux du peuple hypnotisé, le plus

1. *Berliner Tageblatt*, 15 juin 1916, et autres journaux de la même date.

imposant appareil guerrier qu'on ait jamais vu, se mit en route vers les frontières. C'est ce moment que l'Etat-Major impérial s'était fixé pour faire décréter la préparation militaire de la jeunesse. Point n'était besoin de la déclarer permanente et obligatoire. En laissant discuter la mesure malgré l'état de siège, le Gouvernement était sûr que la nation réclamerait elle-même ces deux principes, et qu'elle briserait impitoyablement toute opposition à leur mise en vigueur. Les cas du député Liebknecht et du professeur d'université Fr. W. Foerster sont très caractéristiques à cet égard.

Le 16 mars 1916, lors de la discussion du budget de l'Instruction publique à la Chambre prussienne, Liebknecht a fait entendre une violente protestation contre « la militarisation de l'école ». « Plus que jamais, dit-il entre autres choses, l'école populaire est exploitée aujourd'hui pour consolider la situation des classes dominantes, pour capter les âmes du jeune prolétaire au profit de ces classes et du militarisme. La militarisation de l'école a été désignée de divers côtés bourgeois comme un phénomène qui donne à réfléchir. On commence déjà à l'école à éduquer les hommes pour être des machines de guerre. L'école est un établissement de dressage pour la guerre. La vaillance physique de la jeunesse est particulièrement en faveur en ce moment même, puisqu'il faut fournir de la matière nouvelle au Moloch qu'est le militarisme. On améliore donc la santé de l'homme dans le but de détruire des vies humaines ». Et Liebknecht cita à l'appui de sa thèse un arrêté de président du gouvernement de Francfort-sur-l'Oder, von Schwerin, lequel a ordonné au personnel enseignant des écoles secondaires de « déraciner des jeunes âmes le sentiment de fraternité générale des peuples et du pacifisme international, de bien se garder d'excuser et d'atténuer les crimes dont les Allemands ont été victimes de la part de leurs ennemis, et de ne rien négliger pour inculquer à la jeunesse la haine et la colère ».

Liebknecht connut, ce jour-là, toutes les rigueurs du règlement parlementaire. Les partis gouvernementaux, conservateurs en tête, le couvrirent d'injures. La séance fut une des plus tumultueuses que la Chambre prussienne ait encore connues[1]. Arrêté dans la rue peu de temps après, Liebknecht a été incarcéré pour haute trahison et condamné.

1. Nous suivons le compte-rendu analytique publié par le *Vorwärts* du 17 mars 1916, plus complet que les journaux gouvernementaux.

Un mois plus tôt, un intellectuel, professeur de philosophie et de pédagogie à l'Université de Munich, Fr. W. Foerster, fit entendre des avertissements semblables contre le « gavage prématuré et intempestif de l'âme enfantine par des idées militaires ». Très entier et très personnel, écrivain de grand talent et conférencier entraînant, M. Fr. W. Foerster a sur les problèmes d'avenir de son pays des idées qui heurtent de front celles de ses contemporains. A l'intérieur entre partis politiques, entre classes sociales, entre confessions religieuses; à l'extérieur entre nations d'origine et de culture différentes, ce qui importe, selon lui, c'est moins la force du haut parler et du glaive que la force morale, celle qui sait prévenir les conflits inévitables et préparer la collaboration sans laquelle ni individus, ni nations ne peuvent vivre et prospérer. « La préparation militaire de la jeunesse, dit Foerster, crée des tempéraments agressifs, tapageurs, peu virils et sans noblesse, incapables de discipliner leurs passions, manquant d'équilibre et de jugement dans les cas difficiles ». Sans la force morale, aucune action physique efficace n'est possible : voilà pour lui l'axiome fondamental de toute éducation à la vaillance. « Faire des soldats, nuira à la grandeur du peuple allemand. Non seulement on ne lui assurera pas les succès militaires, puisque le Dieu des batailles est capricieux, mais on le rendra impuissant à se développer à l'intérieur comme à l'extérieur, à remplir sa double mission nationale et mondiale, à faire valoir, enfin, ses qualités naturelles et acquises ».

Tout en étant foncièrement et orgueilleusement Allemand, Fr. W. Foerster est un pédagogue clairvoyant. Ses ouvrages sur l'éducation sont des chefs-d'œuvre d'observation profonde et juste. Il estime impossible « de faire comprendre à des enfants tout le sérieux d'une guerre terrible et de leur appliquer la discipline implacable du métier militaire. L'école ne peut et ne doit donner qu'une éducation physique dans des formes libres et appropriées, en empruntant au métier militaire tout au plus quelques exercices intéressants, tels que les pratiquent les boys-scouts ». Et il conclut : « Une jeunesse vaillante au service militaire, voilà qui est allemand ; une milice de jeunes Allemands ne l'est pas[1]. »

1. *Berliner Tageblatt*, 11 et 12 février 1916 : *Deutsch ist eine wehrhafte Jugend, undeutsch ist eine deutsche Jugendwehr.* D'après la *Gazette de Voss*, du 29 juin 1915, il existait déjà une *Jugendwehr* au temps lointain de la guerre de trente ans ! Le savant journal reproduit d'un livre intitulé « Irenomachie. De la paix et de la guerre » un dialogue

Dans un livre très répandu en Allemagne sur « la guerre mondiale dans l'enseignement », M. Fr. W. Foerster avait écrit le premier chapitre sur « les nouveaux devoirs pédagogiques de notre temps ». Vu sa grande autorité comme sociologue et pédagogue, il n'a pas été mis « dans le même sac » que les « mollusques[1] » qui songent à « introduire à l'école les idées funestes de l'amour du prochain et de la réconciliation des peuples », et les « froussards » qui manquent de cœur pour profiter, enfin, du moment afin de faire triompher

entre la Paix (Irene) et le *Capitanus puerorum* qui fait faire l'exercice aux *pueri milites*. « L'enfant, dit la Paix, pratique ce qu'il a appris; il vaudrait mieux lui enseigner à conserver la paix qu'à faire la guerre ». « Nous sommes en guerre, » répond le lieutenant. « Cela vient de ce que personne ne sait conserver la paix; on va la rétablir; elle conviendrait tout à fait à votre patrie. » « Qu'avons-nous à discuter avec cette femme »? intervient le porte-drapeau, « continuons notre exercice ». Cette réminiscence est vraiment d'actualité.

1. *Schule und Friedensziele. Eine nationale Gefahr*, par l'Oberlehrer Erich Meyer. dans *Tägliche Rundschau*, 2 et 3 janvier 1916 : *Alle jene Typen von Nachtmützen, Trotteln Schlappschwänzen, Waschlappen (ein Segen, dass wir in unserer Sprache diese herzerfrischenden Anschaulichkeiten haben) sie werden wach und erheben ihre Stimmchen* (« tous ces types de bonnets de nuit, de poules mouillées. de faiblards [le terme allemand est ordurier], de torchons (quel bonheur que nous ayons dans notre langue ces réalismes qui réjouissent le cœur), se réveillent et font entendre leur petite voix »).

« l'idéal de la réalité exclusivement allemande » et de laisser « le Michel allemand affirmer brutalement sa supériorité, seul envers et contre tous, par les moyens allemands que la guerre lui a enseignés ».

M. Fr. Foerster a le tort d'avoir des idées dignes d'un penseur de grande envergure; il a le tort de les déduire avec une logique impitoyable et avec une inflexible probité scientifique des faits de l'histoire politique et sociale de son pays et des autres nations; il a le tort, enfin, de mettre au service de ses idées un courage d'autant plus noble qu'il est plus rare chez ses compatriotes, à un moment où ceux-ci se vautrent hypnotisés aux pieds du « Moloch militariste ». Mal lui en prit. La Faculté des Lettres de Munich s'est publiquement désolidarisée du confrère gênant, qui osait, dans un journal de Berlin, déconseiller la préparation militaire de la jeunesse telle que la conçoivent les hyper-patriotes allemands[1].

Les conceptions de M. F. W. Foerster ont eu plus de succès en Autriche qu'en Allemagne. Comme bien on pense, les Allemands d'Autriche ont aussitôt imité l'exemple de l'empire voisin et allié. Des compagnies de jeunes gens furent créées

1. C'est le fameux « cas Foerster » que la presse française a incomplètement — et en partie inexactement — rapporté. Voir ci-dessous, au chap. V, page 222.

à Vienne. Le 14 avril 1916, un important débat eut lieu au Conseil municipal de la capitale au sujet de la subvention — 85.000 couronnes — à accorder à la « milice juvénile ». Les socialistes jugèrent l'institution inutile et se déclarèrent partisans des idées du professeur Foerster. La subvention fut votée malgré eux, mais on en dissimula le but sous le prétexte que « la préparation militaire protégeait la jeunesse contre les tentations de la rue[1] ».

En Allemagne, l'opinion publique passe outre, naturellement, aux critiques et aux protestations, d'ailleurs isolées. Partout des sommes plus ou moins considérables sont votées par les autorités locales. Les populations ont faim. L'agriculture manque de bras. Mais, la préparation militaire des jeunes gens ne doit pas moins être développée. En Alsace-Lorraine les Conseils généraux et les municipalités ont dû consentir des sacrifices importants pour cette œuvre patriotique. Les journaux allemands enregistrent avec une satisfaction de commande les « propositions spontanées » et les « votes unanimes et empressés » des autorités alsaciennes-lorraines[2].

1. *Neue Freie Presse*, du 15 avril 1916.
2. La *Strassburger Post*, dans les comptes-rendus de chaque session des Conseils généraux depuis la guerre.

Jusqu'à présent aucune loi d'empire n'est votée. Les unions de gymnastique ont élaboré un projet, mais la presse gouvernementale a apprécié avec une sévérité ironique à la fois leur initiative et leurs propositions. Il y a des patriotes qui voudraient faire de l'Allemagne une vaste « école de sous-offs », avec un peu de science pour corser le programme!

Le Gouvernement impérial attend. Il lui suffit, pour l'instant, que les autorités fédérales exécutent le décret de 1914, principalement dans les écoles publiques et dans les sociétés de sport et de gymnastique. Les journaux illustrés d'Outre-Rhin nous apportent des photographies d'exercices, de parades, de distributions de prix, etc., qui montrent que l'autorité militaire a bien en main, partout, les « compagnies de jeunes gens ».

En automne 1916, le Ministre de la Guerre de Prusse voulut se rendre compte des résultats du décret de 1914. Un concours général de toutes les formations créées en Prusse en vue de la préparation militaire de la jeunesse fut organisé. Le rapport fut adressé à l'empereur. Guillaume II répondit par un « ordre du cabinet », donné au Grand Quartier Général en date du 8 janvier 1917, qui eut les honneurs du *Bulletin officiel de l'armée*. Toute la Presse allemande l'a reproduit. Guillaume II y exprime sa reconnaissance royale à tous ceux qui collaboraient à l'œuvre patriotique, surtout aux jeunes gens qui « par devoir envers la patrie consacraient leurs loisirs limités à s'aguerrir et à se fortifier ». Le Ministre de la Guerre en profita pour compléter par des recommandations habiles les lignes directrices de la préparation militaire. En voici la teneur :

1. « La préparation militaire est une institution se rapportant au service militaire (*militärdienstliche Einrichtung*); elle est nettement distincte des organisations qui ont pour but le développement de la jeunesse (*Jugendpflege*).

2. « Afin de seconder les délégués et d'organiser des cours d'instruction à l'usage des moniteurs, les généraux commandant les régions[1] et le commissariat général royal[2] devront s'assurer le concours honorifique d'officiers en non-activité qualifiés, ou commander des officiers en congé et des civils ayant le grade d'officier; ils adjoindront à chaque délégué un de ces officiers, deux si la circonscription du délégué est très étendue; ils choisiront de préférence des officiers qui se sont

1. Par intérim, remplaçant, pendant la guerre, les généraux commandant en chef les corps d'armée en campagne.
2. Pour Berlin et les Marches de Brandebourg.

déjà occupés du perfectionnement de la jeunesse.

3. « Il y aura lieu d'intéresser à l'institution également des conseillers médicaux, de préférence des médecins chargés officiellement de donner leurs soins à la jeunesse.

4. « Les chefs et les instructeurs des unités sont commis par les délégués; ils doivent s'engager expressément d'instruire leurs unités conformément aux prescriptions de l'administration militaire. Les écoles, les sociétés, les associations pour le développement physique de la jeunesse, etc., pourront faire des propositions pour le choix des chefs et des instructeurs.

5. « En cas de manque de chefs et d'instructeurs, les délégués demanderont au général commandant la région de commander provisoirement *(zur Aushilfe)* des officiers, sous-officiers et soldats mutilés de la guerre.

6. « Il est à nouveau et le plus expressément recommandé aux délégués, chefs et instructeurs *de collaborer étroitement avec les autorités civiles*[1], avec les écoles et les membres du clergé, avec les comités officiels s'occupant du perfectionnement de la jeunesse et avec les sociétés privées. Afin de simplifier les arrangements avec le clergé rela-

1. Ce passage et les suivants sont soulignés dans l'original.

tivement aux *exercices devant avoir lieu le dimanche*, il est bon de fixer d'avance, une fois pour toutes, les exercices à un moment qui convienne aux conditions locales. Lorsqu'on projette des exercices de plus longue durée, par exemple des marches, il y aura lieu de s'entendre avec les membres du clergé pour chaque cas particulier.

7° « Tout *surmenage* des jeunes gens, par exemple des marches prolongées avec sac chargé, est *interdit*. Les exercices dans l'obscurité ne devront pas abréger le sommeil des jeunes gens, et devront être limités aux heures du crépuscule et de la brune.

8° « La création et la conservation des terrains d'exercice convenables et des moyens d'instruction appropriés sont d'une grande importance. Les résultats obtenus permettent d'espérer avec certitude que les milieux intéressés, efficacement soutenus par les autorités gouvernementales et communales, procureront à notre jeunesse les terrains — surtout aux portes des grandes villes — ainsi que les moyens d'exercice nécessaires, afin de la rendre plus vigoureuse et vaillante au service armé (*Ertüchtigung und Wehrhaftmachung*). En hiver, on trouvera dans les villes et dans les bourgs des salles en nombre suffisant, dans les campagnes des greniers et des granges inoccupés qu'on pourra aménager pour les exercices d'assouplissement et de mouvements militaires (*Wehrturnen*).

« Les milieux intéressés de notre patrie apprendront avec joie et satisfaction que l'activité spontanée et dévouée des directeurs et des chefs, ainsi que l'ardeur joyeuse des « jeunes hommes » à s'enrôler, ont trouvé en très haut lieu la reconnaissance méritée. On est en droit d'attendre que les chefs et les « jeunes hommes » continueront à l'avenir de se consacrer avec joie et entrain au travail sérieux qu'ils ont entrepris volontairement, après que le seigneur du pays a témoigné son vif intérêt à leur œuvre patriotique, et qu'il a, par son approbation, montré au grand public, sous son vrai jour, la valeur éminente de la préparation militaire de la jeunesse pour l'armée ».

Ce nouvel appel, car ce n'est pas autre chose, place, en effet, dans sa véritable lumière la préparation militaire telle que la conçoit l'Allemagne officielle prussianisante. Guillaume II et son Ministre de la Guerre l'adressent à l'Allemagne tout entière, aux corps constitués et aux groupements civils, y compris le clergé. Le but n'est point dissimulé, ni l'assurance non plus que l'institution demeurera après la guerre avec le même caractère, en souvenir des grands événements.

Quand viendra la discussion de la loi d'empire demandée — si elle vient jamais, — les choses auront changé en Allemagne. Les objections se feront plus nombreuses et moins timides. Mais, il est certain qu'on continuera à faire de la préparation militaire. C'est dans la tradition prussienne. L' « Etat éducateur » n'abandonnera ni l'instruction nationaliste, ni l'éducation militariste, qu'il a poursuivies depuis le début du siècle dernier. Qu'il le fasse ouvertement ou sous le couvert de la pédagogie, du sport et de l'hygiène, les voisins avertis ont le devoir de ne pas s'en désintéresser.

III

L'ÉDUCATION MORALE ET CIVIQUE

III

L'ÉDUCATION MORALE ET CIVIQUE

Ce n'est pas ici le lieu de juger la tenue morale de l'armée, de la politique intérieure et extérieure, de la Presse, des services publics des Allemands pendant la guerre. Nous leur souhaitons qu'il se trouve parmi eux-mêmes quelques Foerster pour leur en parler un jour en toute franchise et en toute loyauté. Ce qui s'est passé dans le domaine pédagogique, a déjà été apprécié de l'autre côté du Rhin. Une crise morale de la jeunesse a éclaté, si violente et si soudaine, qu'il n'a été possible ni de la cacher, ni de l'embellir. Il semble bien que M. Fr. W. Foerster soit dans le vrai en réclamant avant tout une saine pédagogie morale.

Les Allemands ont toujours vanté la valeur éducative de leur pédagogie. Ils semblaient avoir certains droits à cette prétention. Leurs premiers pédagogues faisaient de la « cure d'âmes, » et leurs plus ardentes discussions pédagogiques se sont livrées entre les partisans de l'éducation et les pédants de l'instruction. Nos éducateurs se souviennent-ils avec quels sarcasmes certains pédagogues d'Outre-Rhin, notamment des théologiens, ont salué l'apparition de l'*éducation morale* dans notre école primaire neutre? On nous accordait à peine les circonstances atténuantes que méritait la franchise de nos aveux sur les expériences du début, lesquelles ne pouvaient être concluantes[1] puisque nous cherchions encore le programme du nouvel enseignement et que notre personnel n'était guère préparé pour donner d'emblée et avec succès une instruction aussi délicate. Après de longues discussions et grâce aux efforts patients de quelques pédagogues convaincus, l'administration allemande a bien voulu décréter que la morale fût enseignée chemin faisant à l'instruction religieuse, dans les leçons d'histoire, au cours des séances de lecture. A quoi bon, disait-on là-bas, créer un enseigne-

1. Nous pensons aux critiques consacrées en Allemagne au rapport de *F. Lichtenberger*, publié par le Musée pédagogique à l'occasion de l'exposition de 1889 dans les *Mémoires et Documents scolaires*, 2e série, n° 28. Les lettres échangées à ce sujet entre MM. F. Buisson et Ch. Wagner ne sont pas moins intéressantes (chez Fischbacher, Paris).

ment spécial pour développer des qualités qui de tout temps ont fleuri toutes seules dans la conscience du peuple allemand, au point d'élever sa « Kultur morale » loin au-dessus du niveau des autres nations? Il est certain que les pédagogues allemands n'ont jamais connu exactement ni la nature, ni la portée de notre enseignement moral. Une preuve tout à fait réjouissante nous est fournie par un curieux article « de guerre » de la *Gazette de Francfort*[1]. Nous nous en voudrions de ne pas le signaler au lecteur français.

Un officier du corps de santé allemand a trouvé[2] dans l'école d'un village français de 180 habitants, situé sur la Meuse, deux cahiers ayant appartenu à une écolière du cours moyen, Georgette M..., c'est-à-dire à une élève non pas de treize ans, comme le croit l'officier allemand, mais plus jeune de deux ans peut-être. Ces cahiers datent des années scolaires 1909 et 1910. L'officier les a envoyés à un ami, M. Ludwig Goldschmidt, de Gotha. Celui-ci les jugea assez intéressants pour en faire connaître le contenu au grand public de la gazette francfor-

1. Le 16 février 1916.
2. Nous aurons l'occasion de citer d'autres cas de l'intérêt fureteur des envahisseurs pour nos écoles et bibliothèques et de raconter leurs réflexions.

toise. Son article porte le titre *Kant dans une école de village française.*

Oui, c'est bien la philosophie de l'auteur de « la critique de la raison pure » et la morale du penseur prussien que M. Goldschmidt découvre dans les pages dérobées dans une école primaire de France. L'audace de l'infime magister meusien le déconcerte autant que son talent. « Car, dit-il au début de son article, les célébrités philosophiques françaises de nos jours n'ont de valeur que celle qu'ils s'attribuent eux-mêmes : ce ne sont même pas des plagiaires, tellement ce qu'ils écrivent est dépourvu de sens et de raison ». « Quant à Kant, aucun Français — sauf la « noble » Mme de Staël — n'a jamais rien compris à ses ouvrages », etc., etc. Aussi, en lisant dans les deux cahiers, exposées avec la plus admirable et la plus claire simplicité et avec le bon sens le plus élevé, des « idées » journalières de morale et de civisme que le philosophe de Königsberg avait formulées jadis à l'usage de ses compatriotes, notre bon Allemand est-il plongé dans une stupéfaction admirative profonde. Quel dommage que ce « maître parfait, d'une personnalité si solide, fût réduit à professer devant l'auditoire restreint d'un petit village français ».

« Tout ce qui pendant une série de jours occupe

les petits, apparaît vivant devant nous. Tout y est bien posé. Chaque jour a son sujet : *l'idée de la journée.* De préférence, ce sont des questions de morale. La loi morale, le mensonge, la dignité personnelle, la modération, la probité, la colère, l'orgueil et la modestie, tels sont les sujets que, jour par jour, ce « Socrate de village » traite avec ses élèves. Ailleurs, ce sont « des renseignements sur la Constitution et sur l'Etat, sur la commune et le Conseil municipal, etc., etc. » « La tâche journalière est traitée en trois parties : Des sentences morales bien choisies servent d'exercice de calligraphie ; suit une dictée, une petite rédaction ou une explication ; et, enfin, un problème dont les données se rapportent à l'idée du jour ». « Une seule fois, il est fait exception à cette répartition, et *cette exception ne paraît pas due au hasard* (sic!) : c'est quand à propos du mensonge le maître fait conjuguer en entier le verbe : *dire la vérité* ».

Le problème d'arithmétique donné dans la leçon sur la guerre consistait à calculer à combien d'ouvriers on aurait pu faire une rente viagère de 600 francs, si en 1871 on avait placé à 4 % les les cinq milliards versés au vainqueur. « Cependant, dit M. Goldschmidt, le maître n'est pas un socialiste militant, puisque sur la couverture d'un des cahiers se trouve une condamnation sévère de la grève; il est bon patriote et bon républicain, car il dicte à ses élèves que « la République est le gouvernement *définitif* de la France ».

Les paragraphes sur l'amour de la patrie, sur le vrai patriotisme et sur les enseignements de l'Histoire ont paru si excellents au critique allemand qu'il les traduit en entier. Là le maître français dit à ses enfants : « le vrai amour de la patrie ne consiste pas à calomnier les étrangers, ni à mépriser ce qui se passe hors de France »; « tous les peuples ont contribué leur part à la civilisation »; « tous possèdent leurs grands hommes, leurs savants, leurs héros, leurs poètes et leurs artistes »; « les patriotes qui voudraient faire revivre les persécutions religieuses ou les guerres civiles, ne sont pas dignes du nom de Français ». — Admirables aussi les paragraphes où sont énumérées les catastrophes politiques qui dans l'espace d'un siècle, le XIXe, ont accablé la France plus que tout autre pays. Il est recommandé à la jeunesse de « tirer profit de ces malheurs nationaux, de connaître non seulement les qualités exceptionnelles de notre race, mais aussi ses défauts, afin de devenir plus clairvoyante que les générations antérieures et d'éviter le retour des malheurs ». Dans la maxime calligraphiée en tête du chapitre sur le mensonge, M. Goldschmidt voit une paraphrase certaine de la réponse faite par Kant au roi de Prusse, lorsque celui-ci fit promettre au philosophe de ne plus s'attaquer à la religion : « Personne n'est obligé de dire tout ce qu'il pense, mais tout ce qu'il dit, doit concorder avec ses pensées ». Enfin, la première leçon de l'année 1910 débutant par ces mots : « La conscience est le livre de la loi morale », est suivie d'une dictée qui est, d'après le critique allemand, un chef-d'œuvre d'exposition lumineuse et juste sur l'*impératif catégorique*. « Le simple maître d'école de village y montre une élévation qui fait honte aux plus subtils philosophes ».

Bref, M. Goldschmidt est tout enthousiasmé du contenu de ces cahiers, des leçons de morale et de civisme que le maître primaire français y prodigue à des petites filles. Il voudrait les citer toutes. Mais, croit-on qu'il soit capable de reconnaître loyalement, sans réserve, tout le mérite de ce maître unique? ou de laisser entendre que peut-être d'autres de nos instituteurs et institutrices professent les mêmes nobles leçons? L'idée lui vient, certes, de se demander si un tel enseignement moral et civique ne serait pas, par hasard, celui que la France républicaine fait donner à tous ses enfants? Mais il l'écarte aussitôt.

M. Goldschmidt est Allemand. Comme tel, par

le penchant naturel de son esprit, il veut bien admirer un cas d'espèce. Mais supposer seulement qu'il y en ait d'autres en France, et admettre que ce « bel » enseignement soit « français », cela, sa « science » le lui défend. Jamais ce « Socrate de village » n'aurait pu apprendre à l'école normale française ou emprunter à un manuel français les leçons qu'il dicte. « Tout ce qui se trouve dans ces cahiers est trop caractéristique pour qu'on puisse l'attribuer à des instructions générales », voilà sa conviction.

Bien entendu, M. Goldschmidt, de Gotha, ne connaît ni nos manuels, ni nos instructions ministérielles. Certainement, il ignore nos fâcheuses, mais salutaires disputes sur les manuels de morale. Il aurait été trop heureux d'en tirer argument contre nous. Ses raisons pour nous refuser tout mérite sont autres : « Comment les Français et les Anglais oseraient-ils renvoyer les Allemands aux théories de Kant sur la dignité humaine et sur le devoir moral, puisqu'ils ont perdu toute notion de l'une et de l'autre! Si Kant, un Allemand, a su s'élever à de telles conceptions morales, c'est que le peuple allemand — et lui seul — les a pour ainsi dire dans le sang. Les Français et les Anglais n'ont-ils pas constamment depuis la guerre, violé le droit des gens par leur campagne de mensonges, par la proscription des savants affiliés à leurs sociétés, etc., etc. »

Sur la couverture d'un des cahiers est imprimé un plaidoyer contre la grève, mais, « naturellement, en faveur de l'industrie française ».

« L'instituteur est bon patriote, mais la France est gouvernée par des chauvins. Un fanatique a assassiné l'homme qui seul en France n'était pas persuadé de *la justice de la guerre de revanche.* Car, la France a cherché et déchaîné la guerre pour avoir *sa revanche.* Anglais et Français mentent lorsqu'ils prétendent qu'ils ont été *forcés* à faire la guerre. L'instituteur français a beau dire à ses petits Français dans ses *enseignements* de l'Histoire : « Profitons de nos malheurs pour nous améliorer », et proclamer dans la leçon sur la guerre : « Toute guerre est une iniquité monstrueuse », ou encore : « Un des plus grands crimes est de tuer ou de mutiler une nation »; *la France ne s'est pas amendée.* N'a-t-elle pas baptisé un de ses navires de guerre *La Revanche?* Sans cesse, elle a entretenu chez la jeunesse la « haine des Allemands ». Et notre bon critique de conclure : « Le malheureux pays n'aurait-il que ce seul homme -- l'instituteur du petit village sur la Meuse — qui soit sain d'esprit? » « Jaurès, ennemi de la revanche, et cet instituteur, dit-il, *accusent la France.* Par contre l'empereur allemand a proclamé : Nous saisissons l'épée d'une main pure, etc., etc. Voilà qui est la vérité ».

C'est ainsi qu'un Allemand intelligent se dérobe devant les faits ! Il a sous les yeux la preuve matérielle d'un enseignement moral et civique dont il est obligé d'admirer le caractère pacifique, humain, noblement philosophique. Il proteste de son entière sincérité scientifique. Cependant, il ne peut s'empêcher de faire mentir la science et de déformer la vérité. Singulière mentalité que l'hypnose guerrière n'explique, ni n'excuse. Nous ne ferons pas à M. Goldschmidt l'injure de la lui attribuer en propre. Nous l'avons constatée chez un trop grand nombre de ses confrères « scientifiques ». Pour avoir dédaigné les enseignenents *moraux* de leurs grands philosophes, ces pharisiens orgueilleux ont compromis à jamais la probité et le bon renom de la science allemande. Car, la science aussi a besoin de morale pour se préserver des erreurs de la passion et du parti-pris.

L'hommage rendu par un « scientifique » allemand au petit instituteur français n'est pas pour nous déplaire. Nous pouvons affirmer à M. Goldschmidt qu'il aurait pu trouver aux expositions de Londres en 1908 et de Bruxelles en 1910 des milliers de cahiers semblables. L'enseignement moral et civique de l'instituteur de la Meuse est bien celui de toutes nos écoles primaires. M. Goldschmidt peut le recommander hardiment à ses compatriotes. Nous savons qu'il est bon, et nous sommes décidés, en France, à y persévérer.

M. Goldschmidt, de Gotha, ne s'est pas douté du démenti éclatant qu'il donne, en publiant ces pages, non seulement à la thèse allemande de la France assoiffée de revanche, cherchant et provoquant la guerre, mais à toutes les calomnies insidieuses que les Allemands ont répandues sur notre décadence et sur notre *pourriture* morale. A la fin de la guerre, ils comprendront peut-être combien on les a trompés sur leur propre valeur morale et sur la nôtre.

***

Qu'en est-il donc de la moralité « innée » de nos présomptueux voisins? Cette guerre « colossale » leur a fourni une occasion sans pareille pour la prouver aux yeux des « décadents » sceptiques et jaloux. Les tristes exploits de leur armée, « la plus disciplinée du monde », ont édifié l'Univers à ce sujet. « C'est la guerre, » disent-ils. Non, ce n'est pas l'enivrement du combat, la cruelle nécessité du corps à corps qui ont poussé les soldats de

Guillaume II à se déshonorer à jamais. Car, ceux de l'arrière, les recrues de demain, se sont révélés chez eux, dans les villes surtout, les dignes émules de leurs aînés. Du jour au lendemain, la guerre a fait éclater l'inanité de la moralité « fondamentale » des Allemands et l'inefficacité de leurs mesures éducatives pour la cultiver.

Tandis que, à l'exemple des « juvenile courts » américaines, la France et l'Angleterre ont créé des juridictions spéciales pour enfants criminels, l'Allemagne se contenta d'insérer dans son code des paragraphes additionnels relatifs à la répression des crimes de mineurs. On comptait plus, pour le redressement des dépravés précoces, sur la discipline scolaire et sur les sociétés de protection tutélaire que sur les organes de police. En effet, ces patronages se sont multipliés et ont déployé une telle activité que l'on pouvait accepter comme réelles les statistiques accusant, depuis 1906, un nombre toujours décroissant des jeunes criminels déférés à la justice. Mais, les statistiques sont complaisantes. La criminalité juvénile est plus difficile à extirper que l'analphabétisme[1]. La recrudescence,

1. L'Allemagne revendique l'honneur d'avoir le moins d'illettrés sous les drapeaux (environ 0,2 pour cent). Les lettres de prisonniers que nous avons pu voir, semblent indiquer qu'on n'est pas très exigeant aux « examens des

dès les premières semaines de la guerre, en a été si subite et si inquiétante qu'il a été impossible de la cacher. Les journaux de tous les partis en ont parlé avec franchise, il faut le reconnaître, et fréquemment, moins pour en signaler les causes véritables que pour tranquilliser l'opinion, et pour faire savoir que des mesures efficaces étaient prises.

Déjà au mois de juin de la première année de guerre, à l'approche des vacances, le *Berliner Tageblatt*[1] a rendu compte d'une réunion des patronages de la capitale convoquée à l'Hôtel de ville de Berlin pour délibérer sur les moyens d'enlever de la rue la jeunesse scolaire pendant la fermeture des écoles. On apprit alors la menace du mal. Les garçons flanaient dans les rues, fréquentaient les cinématographes, volaient, fumaient, buvaient, se livraient à la débauche en compagnie de filles de leur âge (douze à seize ans). C'était la guerre, disait-on, qui était cause de ce dévergondage : l'autorité du père mobilisé faisait défaut; les mères étaient obligées de travailler hors de la maison ou de stationner de longues heures devant les boutiques pour avoir des vivres; l'enthousiasme guerrier avait

recrues ». Quant aux lettres écrites par les femmes du peuple, nos ouvrières et paysannes manient la plume avec plus d'aisance et de correction.

1. 25 juin 1915.

fait « dérailler les jeunes cerveaux ». Un directeur d'école fit savoir que, dès les premières semaines 1.500 instituteurs berlinois furent appelés sous les drapeaux; les institutrices qui les remplaçaient, manquaient de poigne; les événements rendaient les enfants irréguliers et instables; en outre, beaucoup de bâtiments scolaires étaient occupés par la troupe; l'enseignement était troublé par les changements de maîtres — une classe en a vu passer six en huit semaines, par les combinaisons de classes faute de personnel, par les collectes fréquentes et les œuvres de guerre de toute sorte, etc....

Que faire? Les patronages aménagèrent des terrains de jeux, organisèrent des excursions, ouvrirent des ateliers. Les enfants préféraient la rue. Les vacances passées, la *Société Centrale pour la tutelle de la jeunesse* ne put que constater la croissance du mal. Elle réclama des interventions énergiques.

Dans une nouvelle réunion, convoquée cette fois à la salle de séances de la Chambre des Seigneurs de Prusse, le 4 février 1916, de tristes détails furent dévoilés[1]. Les garçons de douze à quatorze ans

1. *Gazette de Voss*, 13 janvier, 5 février 1916 *Berliner Tageblatt*, 14 janvier, 17 février, 18 mars 1916. *Tägliche Rundschau*, 5 février 1916. *Gazette de Cologne*, 5 février 1916.

fournissaient au contingent des jeunes dépravés le nombre double des enfants plus jeunes ou plus âgés. Et il n'y avait pas que des enfants des classes pauvres. Certains orateurs essayèrent d'excuser les écarts de la jeunesse par son besoin d'activité, par son instinct de liberté, par le goût pour l'aventure déchaîné par la guerre « glorieuse », par les mauvaises lectures, par l'entraînement, etc. Les spécialistes furent d'un avis différent. Très peu de cas étaient dûs, selon eux, à des dispositions héréditaires ou psychopathiques. Ils mirent en cause *l'influence du milieu familial* et *le manque d'éducation à l'école.*

Les statistiques fournies par les organes chargés de réprimer la criminalité juvénile et par les très nombreux patronages de tutelle qui les y aident, avaient fait croire que l'année 1906 marquait un maximum avec 55.270 cas relevant des tribunaux[1].

Or, on dut convenir, d'une part, que la décroissance notée venait d'une différenciation plus exacte, plus subtile peut-être, entre crimes, délits

1. 30.179 cas en 1882. 42.185 en 1892. 51.000 cas en 1902, pour la Prusse seulement. Après 1906, les chiffres déclinent. Mais, dans *les deux derniers trimestres de 1914 et 1915*, les chiffres étaient respectivement de 240 : 330 et de 612 : 1034, rien qu'à Berlin.

et contraventions, qui avait pour conséquence de ne pas déférer à la justice les cas pouvant être confiés aux patronages tutélaires; ceux-là, on ne les avait plus enregistrés depuis 1906. A en croire l'estimation autorisée de M. von Liszt[1], trois enfants fautifs au moins sur quatre seraient soustraits à la répression judiciaire. D'autre part, il ne faut pas oublier qu'en Allemagne l'obligation scolaire, très strictement appliquée partout, avait été étendue, depuis 1906, à l'école complémentaire de perfectionnement, ce qui signifie le maintien de beaucoup d'enfants jusqu'à seize, dix-sept, voire dix-huit ans sous la discipline caporaliste scolaire. Si, néanmoins, le relâchement de la surveillance par quelques mois de guerre a fait éclore parmi ces enfants une criminalité qui a surpris et ému, c'est que ni l'école avec ses innombrables œuvres auxiliaires et complémentaires, ni les organisations judiciaires et tutélaires ne suffisent pour avoir raison d'une façon durable des instincts de la race.

On s'en rend compte en Allemagne. La *Gazette de Francfort* a jugé nécessaire de consacrer à cette question un important article de fond[2]. Le grand journal libéral et démocratique veut mettre en garde

1. *Berliner Tageblatt*, 14 janvier 1916, 2e suppl.
2. Le 5 février 1916.

contre les exagérations alarmistes et contre les mesures répressives brutales. « Heureusement, la situation n'a pas cette gravité; ce serait curieux s'il en était autrement, et si les forces morales existant chez le peuple allemand avaient perdu subitement toute influence sur la jeunesse ». Le journaliste avisé n'essaye pas de nier le fait du relâchement moral de la jeunesse. Il avoue même qu'on n'a pas fait assez pour le prévenir, ni à l'école, ni dans la famille. La guerre a fait éclater un mal qui couvait depuis longtemps, et qui a son origine dans le « subjectivisme exagéré et toujours croissant » de l'Allemagne de nos jours. Devant la poussée vers une plus grande liberté et une plus grande indépendance individuelle chez les jeunes générations, la puissance paternelle et la « bonne vieille obéissance » ont fléchi partout. On n'a pas trouvé encore la discipline qui sache concilier cette obéissance avec le besoin irrésistible de s'affranchir créé par la vie moderne. En attendant qu'après la guerre on étudie à fond ce « tout important problème », *la Gazette de Francfort* ne peut qu'approuver l'intervention des hautes autorités militaires, lesquelles appliquent les rigueurs de l'état de siège aussi bien aux enfants qu'à ceux qui contribuent à les corrompre.

L'aveu est embarrassé, mais il est complet. La

crise morale de la jeunesse allemande est générale. Elle a éclaté, naturellement, avec plus de violence dans les grands centres qu'ailleurs, à propos de la guerre. On peut — il faut même — admettre comme étiologie l'évolution de la société allemande actuelle. Reste à expliquer pourquoi cette évolution elle-même s'est opérée aux dépens de la moralité. Il est établi que la pédagogie a échoué dans ses efforts pour prévenir ou pour enrayer la crise. C'est donc qu'elle manquait de moyens d'action. Autrement dit, l'enseignement moral est insuffisant ou mauvais.

La *Gazette de Francfort* affirme, sans en donner la preuve, qu'il en est de même chez les autres peuples. Mais, ajoute-t-elle, « les Allemands ont la bonne habitude de ne pas laisser pareilles choses aller tranquillement leur train ». En effet, le gouvernement ne semble guère disposé à laisser les pédagogues et les associations tutélaires régler seuls le problème de l'éducation morale. Les généraux commandant les régions et les autorités civiles sont intervenus. Plus que le Ministre de l'Intérieur et les municipalités, les premiers ont eu la main lourde. Le général qui commande à Cassel, traite de jeunes gens à surveiller toute personne âgée de moins de dix-huit ans; il punit les contrevenants d'amendes jusqu'à 125 francs ou d'emprisonnement jusqu'à un an! On croit rêver. Un général décidant que fumer ou flaner dans la rue, aller au cinéma ou au café sans être dûment accompagné, est un délit méritant de si graves répressions chez un jeune homme qui, le lendemain de ses dix-huit ans, ira au front, qui gagne sa vie et parfois celle des siens, qui est étudiant ou aspirant-officier, — cela dénote une usurpation de compétence et un mépris de la liberté individuelle qui promettent des surprises désagréables aux citoyens allemands pour le lendemain de l'état de siège. Le même général a décrété encore qu'aucun ouvrier âgé de moins de vingt et un ans ne pourra toucher lui-même, mais fera toucher par une personne de confiance, le salaire de son travail[1]. Il est vrai que dans d'autres villes la limite d'âge de la « jeunesse » s'arrête à seize ans. N'insistons pas.

Une certaine opinion allemande s'est émue de

1. Celui qui commande les Marches de Brandebourg, jugeant que les jeunes ouvriers gagnent trop, oblige les patrons à ne leur payer qu'une partie du salaire et de déposer le restant à la caisse d'épargne. Par ces temps d'emprunts, l'épargne forcée (*Sparzwang*) peut se défendre. L'empressement des populations à tout « sacrifier joyeusement sur l'autel de la patrie, » résiste mal, semble-t-il, à la longueur de l'épreuve. Les mesures restrictives et coërcitives prises pour le stimuler, ne se comptent plus en Allemagne.

cette immixtion brutale de l'autorité militaire dans la pédagogie. Des esprits libéraux ont fait observer que bien des délits réprimés sont de ceux que *dans d'autres pays civilisés on ne songerait même pas à déférer à la police.* Ils se sont élevés contre l'idée de voter au plus vite une loi spéciale « pour protéger la jeunesse ». Les mesures établies avant la guerre leur paraissent largement suffisantes.

* * *

Le fait n'est donc nié par personne : *L'état de guerre a fait éclore un état moral déplorable de la jeunesse allemande.* Les pédagogues d'Outre-Rhin auront beau vanter, désormais, la moralité innée de la race et l'excellence de leurs méthodes éducatives, on ne les croira plus. Il y a quelque chose de changé chez les Allemands de Bismarck. La France, tant décriée par eux, leur donne aujourd'hui une fière réplique. Le « subjectivisme » allemand — si « subjectivisme » il y a — ne peut être supérieur au « subjectivisme » des Anglais ou des Français. Mais, tandis qu'en Angleterre et en France on le cultive et le dirige avec respect, la pédagogie allemande ne songe qu'à l'entraver par la discipline d'un autre âge.

Un des plus hardis parmi les adversaires de la

pédagogie scolaire telle qu'elle est pratiquée actuellement en Allemagne, le pédagogue « révolutionnaire » docteur G. Wynecken, trouve dans les événements de l'heure présente une justification péremptoire de ses principes pour une réforme scolaire radicale. Dans ses « Pensées sur l'éducation de la jeunesse », il va jusqu'à déclarer la famille, l'État et l'Église également incapables d'éduquer la jeunesse en vue de la communauté publique. Selon lui, la guerre a montré ce que peut la jeunesse si on l'affranchit de la tutelle surannée et conventionnelle. Il faut aimer la jeunesse, avoir foi en elle, non pas la persécuter d'une méfiance constante. La minorité intellectuelle des enfants demande des guides, des camarades, non pas des geôliers. A leur goût naturel pour la liberté et pour le mouvement répugnent les procédés mécaniques de la classe, la discipline extérieure et caporaliste, qui ne produisent que des médiocrités et des êtres redoutant la responsabilité. Le maître doit être l'ami, non le régent. Un esprit de solidarité doit le rapprocher des élèves. Il est temps, enfin, *d'estimer* la jeunesse et de cesser de toujours courber l'écolier sous la hiérarchie de la férule[1]. M. Wynecken est con-

1. *Academische Rundschau*, Juin 1915. *Gazette de Francfort*, 14 juin 1915.

vaincu que des idées « subjectivistes » naîtra une école nouvelle : l'*école autonome*. Les professeurs seront gens de vocation. Pour les enseignements pratiques on fera appel à des hommes de la vie pratique. En s'*associant* avec la jeunesse, ils créeront une sorte de communauté confraternelle en vue de l'éducation pour la communauté. Car, l'éducation n'a d'autre but que de rendre la jeunesse apte à répondre à tous les besoins de la réalité actuelle, autrement dit, à se comporter en membres forts, actifs et utiles de la patrie. Cette éducation « activiste » n'a pas besoin de l'antiquité, ni même du passé historique ; elle abhorre le « dressage » aussi bien que l'inutile torture des esprits par le formalisme des « choses mortes » ; elle vit dans et pour la réalité en vue de l'avenir[1].

Il est peu probable que « l'activisme » d'un

1. Sans aller aussi loin, certains socialistes voudraient que l'école allemande fût « l'école de la culture » (*Kulturschule*), affranchie du « schématisme du passé » qui empoisonne les meilleures années de la jeunesse, et indépendante de la pensée historique : elle ne serait pas l'école du travail préparant à la lutte pour la vie, mais elle rendrait la jeunesse capable de lutter pour le bien et forte pour l'action efficace, telle que l'exigent les réalités. C'est l'idée développée par le docteur Kurt Hiller, dans une conférence faite à l'*Office libre des étudiants pour l'action sociale*, à Berlin (*Gazette de Voss*, 29 juin 1915).

Wynecken et le « subjectivisme » l'emportent chez nos voisins sur le « militarisme » ou, si l'on n'aime pas ce mot, sur la pédagogie de la discipline et de la subordination. L'usage de la liberté demande beaucoup d'*éducation*. Sans doute, la guerre terminée, l'antithèse entre la pédagogie généralement humanitaire et la pédagogie utilitaire et politique aura perdu de son acuité. Déjà le délire des premiers mois s'est évaporé. La durée de la campagne, les sacrifices énormes en vies humaines, les perplexités économiques, enfin les préoccupations de l'après-guerre, qui à certains apparaît de moins en moins comme une exploitation illimitée de la victoire écrasante, ont calmé bien des ambitions pédagogiques et ramené la controverse à des problèmes plus sagement réalistes et plus réalisables. Mais, l'emprise de la politique sur les écoles allemandes est ancienne et profonde. Pour les en affranchir, une « orientation nouvelle » est nécessaire. On commence à le comprendre en Allemagne, et on préconise, pour l'effectuer, un enseignement moral et civique conforme aux principes des grands penseurs du XVIIIe siècle. Si les cahiers du petit instituteur de la Meuse pouvaient indiquer la voie à suivre, nous pardonnerions de grand cœur à l'officier allemand de les avoir emportés de l'école d'un village français.

IV

L'ÉCOLE « UNITAIRE » ET LA SÉLECTION DES « ÉLITES »

IV

L'ÉCOLE « UNITAIRE » ET LA SÉLECTION DES « ÉLITES »

En Allemagne, l'enseignement primaire est donné à l'école « populaire », l'enseignement secondaire dans les écoles « supérieures ». Ces deux ordres d'enseignement ont suivi leur évolution propre, sans que jusqu'à présent les efforts de les relier l'un à l'autre aient réussi seulement à les rapprocher.

L'école « populaire » s'est montrée digne de la sollicitude dont l'entouraient les gouvernements. Elle a rendu à l'Etat les plus précieux services. On attribuait à l'instituteur allemand les victoires de 1866 et 1870. Encore aujourd'hui, on le « fait marcher à la tête de la nation[1] ». Agrandie par

1. Voir ci-dessus, p. 8 note.

des cours supérieurs et par tout un système de « perfectionnements » obligatoires, l'école primaire a conçu des ambitions. Non seulement elle est jalouse des privilèges exorbitants réservés à l'enseignement secondaire, mais de l'école du « populaire » elle voudrait devenir *l'école fondamentale du peuple tout entier.* (*Allgemeine Volks-und Grundschule.*)

Du côté secondaire, le gymnase classique a dû souffrir, dans la seconde moitié du siècle dernier, l'installation sur son domaine, jusque là sacro-saint, d'un rival — le gymnase réal —, qui débite encore du latin, mais qui remplace le grec par les langues vivantes et par un enseignement scientifique plus intense; puis d'un autre — l'école réale pure, à degré supérieur et à degré simple —, qui professe un enseignement tout moderne et qui, dans ses classes inférieures, côtoie, sans vouloir cependant s'y confondre, l'école primaire supérieure. Lors des conférences de 1890 et de 1900, l'empereur crut devoir sanctionner l'évolution « réale ou moderne », favorisée par l'Allemagne industrielle et commerciale, en déclarant équivalente sa valeur « culturelle » à celle des humanités classiques. Son intervention n'a pas eu raison de la tradition. Le gymnase classique, rendu à lui-même, défendait et défend toujours son rang et ses privilèges. Alors que les diplômes de ses rivaux ouvrent aux jeunes gens les études supérieures et les carrières dites libérales avec des restrictions seulement et sous des conditions gênantes, les études classiques mènent à tout, sans réserve aucune. Les universités, très inféodées au pouvoir, mais assez autonomes, continuent à protéger le gymnase classique contre les assauts répétés et violents des rivaux et d'une certaine opinion publique. Les familles bourgeoises, les militaires et les fonctionnaires préfèrent ostensiblement le « Gymnasium ». Celui-ci a même su conserver, en Prusse, ses propres « classes préparatoires », pour éviter à sa clientèle la promiscuité de l'école primaire populaire et les inconvénients du passage d'un enseignement à l'autre.

***

Tel était, après les luttes scolaires de la fin du XIXe siècle, l'état des choses au moment de la guerre. Le gros de l'armée, les simples soldats, sont des primaires. Au premier janvier 1916, plus de cinquante mille instituteurs étaient mobilisés ou s'étaient engagés ; plus de six mille maîtres et plus d'un cinquième des normaliens et des normaliensaspirants étaient tombés[1]. Le privilège, conféré naguère aux instituteurs, de faire leur service militaire comme volontaires d'un an, est resté illusoire; très peu ont pu franchir la barrière que le corps d'officiers maintient autour de sa caste. Dans la présente guerre, les instituteurs n'ont fait que de bons sous-officiers et de bons soldats. Par contre, les professeurs de l'enseignement secondaire sont tous officiers de réserve. Les étudiants ayant fait leur service d'un an sont au moins aspirants, et les élèves des gymnases et des écoles réales engagés volontaires ont été gratifiés du certificat qui les admet au volontariat et leur donne les meilleures chances de sortir des rangs sans accroc.

La tranchée a-t-elle rapproché les primaires des secondaires au point de rendre inévitable, cette fois-ci, la disparition des cloisons étanches entre les deux enseignements? Ou bien les secondaires ont-ils justifié, par leur insuffisance ou... par leur suffisance, la défiance générale contre l'enseignement qui les a formés?

Nous mentionnerons tout à l'heure une lettre écrite dans les tranchées par un directeur de gymnase et contenant une condamnation si violente des études classiques, son propre domaine, qu'elle

1. Voir ci dessus, p. 23 note.

a provoqué une tempête de protestations même en dehors du camp des partisans intéressés du grec et du latin. D'autres membres de l'enseignement auront également consigné leurs expériences en campagne. Ils en auront tiré des conséquences au sujet des réformes à effectuer dans l'éducation des générations futures, et déduit certains principes sociaux dont l'égalité devant le devoir et devant le danger, le choix des chefs, etc. leur auront suggéré la nécessaire application pour l'avenir. Mais nous avons des raisons pour croire que la controverse sur l'école primaire *unitaire* a été rallumée par ceux de l'arrière. L'importance vitale de la lutte, les phénomènes sociaux qui se produisaient sous leurs yeux, les soucis de l'après-guerre, par-dessus tout les mesures gouvernementales susceptibles de modifier profondément l'organisation scolaire existante, c'était, certes, plus qu'il n'en fallait pour exercer le sens critique des pédagogues et des politiciens restés dans leurs foyers. Les rares appréciations du front dont nous avons eu connaissance, ont été inspirées à leurs auteurs par la lecture des journaux. Nous savons que les « gris » au front étaient comblés sous ce rapport.

***

Nous avons vu que, sous le couvert de la défense nationale, la préparation militaire uniforme de la jeunesse allemande vise à la centralisation de l'empire fondé sur l'armée. Puisque c'est à l'école que reviendra le rôle prépondérant dans cet entraînement, l'occasion n'était-elle pas unique pour tenter une refonte radicale de l'enseignement public allemand, de telle sorte que toute la jeunesse de l'empire reçoive désormais la même instruction première, fondamentale et nationale? C'est l'idée de la *Nationale Einheitsschule* et de la *Deutsche Grundschule*.

La conception d'une école primaire — dans le sens strict du mot — unique et commune pour tous les enfants, sans distinction de classe sociale, n'est pas nouvelle en Allemagne. Elle a été réalisée, par exemple, en Bavière, sous la forme de l'école populaire générale (*Allgemeine Volksschule*). Pendant les quatre premières années de la scolarité obligatoire, tous les enfants, ceux des Ministres aussi bien que ceux des ouvriers, doivent — du moins en théorie — fréquenter l'école primaire publique. On n'a pas constaté que l'enseignement libre en ait profité aux dépens de l'école officielle. Aucun préjudice n'a été causé, ni au système primaire (moyen et supérieur), ni au système secondaire.

L'*Einheitsschule* tend au même but que l'*Allgemeine Volksschule* avec plus de précision. L'idée en est également ancienne. Elle est née de cette autre conception *d'un organisme homogène englobant en un seul système les divers ordres d'enseignement public.* A l'édifice homogène convient un rez-de-chaussée commun (*einheitlicher Unterbau*). Là passeraient tous les écoliers, les uns pour s'en retourner dans la vie après un stage de six, sept ou huit ans, les autres pour monter aux étages supérieurs. Mais, tous les États allemands n'ont pas sû construire encore l'édifice ainsi agencé. Les trois ordres se sont développés indépendamment l'un de l'autre, souvent aux dépens l'un de l'autre, si bien que les tentatives de rapprochement se heurtent aujourd'hui à ces « cloisons étanches » que rien ne semble pouvoir abattre. L'intransigeance des partis scolaires va parfois jusqu'à l'hostilité déclarée. Nous avons entendu des primaires pousser ce cri de ralliement : « L'enseignement primaire aux primaires », et réclamer « l'autonomie du bloc primaire ». D'autre part, des professeurs d'université ont osé traiter de « hordes barbares » les instituteurs qui revendiquaient le droit d'être préparés à leurs fonctions dans les universités[1]. A l'heure qu'il

1. Voir « La préparation professionnelle des instituteurs dans les universités » dans *La pédagogie dans les pays étrangers*, par V.-H. Friedel (Paris, chez G. Roustan, 1910), pp. 134 et suiv.

est, la Prusse, l'Etat conducteur de l'Allemagne, n'a pas encore réussi à faire voter la loi organique d'ensemble sur l'enseignement public tout entier qu'en exécution de la Constitution on a préparée depuis plus d'un siècle! Est-elle disposée à réaliser, au moins, le progrès partiel dans ce sens que la Saxe, la Bavière, le Duché de Bade, entre autres, ont accompli, en déclarant l'école primaire obligatoire *commune* à tous les enfants?

Or, avant d'avoir parfait l'unité organique de l'enseignement public, comportant des rapports étroits entre les divers ordres et ménageant des passages pour ainsi dire naturels de l'un à l'autre, une *Einheitsschule*, comme base du système, est impossible. Cela s'applique à chacun des Etats allemands pris individuellement. A plus forte raison, la réalisation de la *deutsche Grundschule*, l'école fondamentale et nationale pour toute la Confédération impériale, appartiendra-t-elle à un avenir lointain. Si jamais elle devenait chose faite, la présente guerre ne marquerait que la première étape de la réforme.

***

Tenons-nous donc pour l'instant à la *Einheitsschule* tout court. Le problème a deux aspects. Il est à la fois pédagogique et politico-social. Mais, puisque la pédagogie n'a de valeur qu'en tant qu'elle travaille pour la société humaine et politique, les deux aspects se confondent[1]. Les pédagogues les plus subtils, tels que W. Rein, lequel a tout récemment rompu une nouvelle lance pour la *Einheitsschule*, sont obligés d'avoir recours, pour en tirer leurs meilleures armes, à l'arsenal des revendications sociales et politiques. L'objet pour lequel ils combattent « est *le droit égal devant l'instruction et l'éducation* ». Tout enfant a le droit d'être instruit et éduqué selon ses facultés intellectuelles et morales. Il est « pédagogiquement » injuste que les uns n'aient à leur disposition qu'une petite école primaire, tandis que le hasard de la fortune ou de la naissance désigne les autres pour des écoles plus privilégiées. Il n'est pas vrai que chez les enfants des villes l'intelligence soit plus développée que chez ceux des villages, ni que les enfants riches soient plus sains et plus moraux que les enfants élevés dans des milieux ouvriers. Ce sont là, au contraire, si cela s'observe dans la réalité, des résultats de l'inégale diffusion de l'instruction et de l'éducation. Il en est de même des

1. Il semble que les partisans de la *Einheitsschule* n'ont pas toujours une notion très nette sur l'objet de leur revendication.

difficultés qu'éprouvent les maîtres les plus habiles à homologuer les diverses individualités d'une classe pour le travail fécond en commun, surtout dans les classes si décisives du début. La faiblesse indulgente aux promotions de classe en classe, les retards causés aux bons élèves par les cancres qu'on ne peut laisser en route, bref, toutes les « injustices pédagogiques » constatées dans l'état d'organisation actuel ne seront-elles pas amoindries, sinon éliminées entièrement, lorsque tous les enfants seront instruits ensemble selon les mêmes programmes et selon les mêmes méthodes, avant d'entrer les uns dans la vie, les autres dans une école supérieure? Et puisque l'émulation et la solidarité spontanée des enfants sont d'un si puissant secours pédagogique, des résultats plus généralement satisfaisants peuvent et doivent être obtenus, surtout quand les maîtres, eux aussi, se sentiront encouragés par la pensée d'être vraiment les éducateurs de toute la nation.

Au point de vue social, l'école unique et commune du début fera tomber, espère-t-on, les barrières qui séparent les classes de la société, comme elle abolira les cloisons érigées entre les ordres de l'enseignement : elle continuera à jamais et pour le plus grand bien de la patrie la rencontre que la guerre a opérée dans les tranchées. Après la « saignée », la patrie aura besoin de tous les talents. Il est nécessaire qu'aucun, si humble soit-il par son origine, ne manque sa destinée par suite d'une initiation insuffisante ou inaccessible, ni que sa place soit prise par les médiocrités fortunées et bien apparentées.

C'est avec ces arguments, déjà entendus, auxquels la guerre ajoute une valeur incontestable, que W. Rein et d'autres pédagogues, théoriciens et administrateurs, étayent, aujourd'hui, la revendication de la *Einheitsschule*. Ils ont avec eux une imposante majorité du personnel enseignant primaire.

Au dernier congrès des instituteurs allemands à Eisenach (Pentecôte 1916) la question de la *Einheitsschule* dominait toute la discussion. Un des membres les plus actifs et les plus écoutés de l'*Association des Instituteurs allemands*, M. Tews, l'avait préparée par une brochure. Les 476 délégués, représentant 128.408 instituteurs (50 pour 100 des adhérents étaient mobilisés) furent invités à revendiquer l'école unitaire, pour des raisons « idéales » d'abord, par intérêt professionnel et politique ensuite. Depuis longtemps déjà, les instituteurs se plaignent des « classes préparatoires » et autres institutions superfétatoires qui leur enlèvent la « bonne » clientèle. Dans le nouvel ordre des choses qui suivra la guerre, le rôle de l'instituteur sera capital. Aussi devront-ils porter leurs efforts pour l'établissement de l'école primaire unitaire encore plus loin, vers un *enseignement d'empire*, dirigé par une *autorité d'empire*. C'est, on le voit, la *Einheitsschule* comme amorce de *l'école primaire unique et générale, fondamentale et allemande de l'empire centralisé.*

Les institutrices prussiennes, réunies à Hanovre, ont formulé leurs aspirations avec plus de finesse et avec moins d'arrière-pensée politique. Elles ont donné leur assentiment au rapport d'une des leurs, sur la nécessité de transformer l'école primaire en une « école de capacités » (*Begabungsschule*). C'est une autre manière de motiver l'institution de l'école commune par le besoin de la sélection et par l'encouragement des enfants du peuple les mieux doués.

* * *

Voilà la théorie. Elle est très séduisante par le libéralisme généreux et humain qui l'inspire. Qu'en sera-t-il dans la pratique?

Les médecins scolaires qui, en Allemagne, examinent individuellement tous les enfants à leur entrée à l'école et au cours de la scolarité, ont corroboré une observation qui depuis longtemps fait le désespoir de tous les maîtres consciencieux, à savoir que tous les enfants ne sont pas également aptes, ni physiquement, ni intellectuellement, à suivre avec profit le programme normal de la classe à laquelle les assigne leur âge. Cette inaptitude a des causes multiples, dans lesquelles l'enfant n'est pour rien (hérédité, milieu social, etc.). Elle produit des effets dont il est le premier à souffrir (surmenage, retards, classes à doubler, découragement, etc.). Une instruction uniforme et obligatoire pour tout le contingent scolaire est donc une absurdité pédagogique. Si on tient le programme à un niveau calculé pour une moyenne, qui n'est d'ailleurs pas facile à déterminer, on s'expose à porter préjudice aux biens doués dont on paralyse l'élan. Les médiocres seuls en ont leur mesure. Les moins doués restent de toute façon des fruits secs. En dernier lieu, c'est la société qui y perd. Elle ne retire pas des générations montantes tous les talents qui s'y trouvent en herbe. Par contre, elle voit s'accroître le déchet des non-valeurs sociales d'un nombre d'individus qui, avec quelques soins appropriés à leurs dispositions naturelles, auraient pu, sur le théâtre de la vie, remplir convenablement le rôle « d'utilités ».

C'est pour tenir compte de ces desiderata physiologiques et sociaux de la pédagogie qu'on a créé *autour* de l'école primaire, d'une part, des classes d'anormaux et d'arriérés et, d'autre part, des classes préparatoires à l'instruction supérieure. Une tentative des plus intéressantes pour grouper rationnellement ces annexes *dans* l'école primaire elle-même, populaire et gratuite, a été faite par la ville de Mannheim. M. W. Rein a cité l'expérience de Mannheim comme un exemple d'école primaire unitaire. La voici :

A l'âge de six ans, tous les enfants des parents qui veulent profiter de l'école primaire publique et gratuite, sont inscrits à la première des huit classes ordinaires ou normales. Au cours de la première année déjà, une sélection s'opère. On a reconnu les enfants qui auront besoin, *de façon permanente*, d'une instruction taillée pour eux. On les place dans des classes dites « auxiliaires » (*Hilfsklassen*), qui ne sont pas des classes d'anormaux, mais plutôt des classes d'arriérés. L'instruction y est limitée à quatre degrés ; elle ne comprend que des sujets d'instruction qui soient à la portée de ces « minus habentes » *perfectibles jusqu'à un degré utile pour leur existence future:* peu de théorie, beaucoup d'occupations pratiques, travail général réduit.

On a reconnu, ensuite, les enfants *aisément*

perfectibles par un traitement temporaire. Pour ceux-là on a organisé des *Förderklassen*, classes de perfectionnement, parallèles aux classes normales à partir de la seconde année et échelonnées, par conséquent, sur six ou sept degrés. On y renvoie les enfants que la maladie, la fatigue ou quelque autre cause fortuite a momentanément mis en retard.

Enfin, les enfants considérés comme normaux suivent l'instruction ordinaire dans les huit classes qui constituent le fond du système.

Ce système, on le voit, n'est qu'une adaptation rationnelle des classes dites parallèles, qu'on est amené à former dans tous les groupes scolaires surpeuplés. Il va de soi que les classes « auxiliaires » (*Hilfsklassen*), avec leur programme spécialisé, leur durée réduite, leur personnel à part, sont moins en rapports d'échange avec les classes de perfectionnement que le sont celles-ci avec les classes normales. Un enfant « en retard » ne « double » plus la même classe avec des enfants plus jeunes que lui, ce qui souvent le décourage et l'empêche de réparer son retard. Il passe pour un temps dans la classe de perfectionnement correspondante à son âge et rejoint ses camarades du degré normal dès qu'il « s'est rattrapé ».

De la sorte, le déchet constaté dans l'organisation rigide de l'instruction en commun est ramené au minimum, et les élèves fournissent le maximum de travail dont ils sont capables.

D'autre part, les enfants bien doués, capables d'aller plus loin que le degré ordinaire, ne sont pas irrévocablement rivés au programme normal. A l'intention de ceux que les parents destinent à l'enseignement secondaire, ou qui semblent pouvoir être encouragés à y entrer, des classes supplémentaires « de préparation » ont été organisées. Cette préparation leur permet de se présenter, à l'âge réglementaire de neuf ans, à l'examen d'entrée de n'importe quel gymnase classique ou réal. A cet effet, on l'a mise d'accord et de niveau avec l'instruction exigée dans les sixièmes de ces établissements, auprès desquels, en Bade, des classes préparatoires ne fonctionnent plus depuis longtemps. Les chefs d'établissements secondaires ont fait bon accueil, paraît-il, aux élèves ainsi préparés par les instituteurs.

On a de même greffé sur les classes primaires des deux dernières années des cours de langues vivantes, des cours de dessin industriel et de travaux manuels, à l'usage des enfants qui montrent des dispositions particulières pour une de ces spécialités et qui désirent les acquérir en vue de leur occupation future.

Il est à remarquer que la sélection des intelligences se fait très naturellement d'après le travail et les forces des enfants, et jamais en dehors des parents. Ceux-ci sont toujours consultés lorsqu'il s'agit de diriger leurs enfants sur une des classes en marge du programme normal. Les maîtres n'empiètent point sur les droits des familles, ils sont leurs conseillers.

Ce qu'on a voulu faire à Mannheim [1], c'est l'expérience d'un système d'école primaire générale et gratuite où élèves et parents, sans distinction de classe sociale, trouvent ce qu'il leur faut et ce qui leur convient; une école édifiée organiquement sur les besoins de la pédagogie physique, morale et intellectuelle, et groupant autour d'un noyau normal les compléments secourables aux faibles et utiles aux talents naissants; bref, une école qui réponde à la nature, à la raison et à la justice, et qui soit en même temps la vraie base *unique* des enseignements plus élevés existants.

1. Le docteur Sickinger a publié à la « Société des instituteurs de Mannheim » un petit traité sur « l'organisation rationnelle des écoles primaires dans les grandes villes, et en particulier à Mannheim ». Il en a rappelé les grandes lignes dans la *Gazette de Voss* du 7 mai 1915 (1e suppl.).

***

Tout cela, objectent les adversaires de l'école unitaire, c'est de l'idéologie, à laquelle ne répond aucune réalité indiscutable, présente ou future, ni dans la pédagogie, ni dans la société politique. Les expériences sont loin d'être concluantes; il sera impossible de les généraliser.

Autant les instituteurs défendent l'école primaire « de leur rêve », parce qu'elle doit leur rendre, avec la clientèle des bonnes familles, le rang qu'ils croient mériter dans la société, autant les professeurs de l'enseignement secondaire la combattent. Ceux-là tiennent à leurs classes préparatoires [1], élémentaires, il est vrai, mais point « populaires », différentes d'essence et de méthodes de la *Volksschule*, et organisées pour des enfants plus développés, quoi qu'on en dise, que les enfants du peuple [2]. Avant tout, qu'on ne s'avise pas de tou-

1. La communication faite à la 43ᵉ réunion annuelle de la Société philologique de Berlin par le docteur Hubatsch, directeur du gymnase réal Schiller de Charlottenbourg, pour réfuter les thèses des partisans de la *Einheitsschule*, donne la note dominante dans les milieux secondaires (*Tägliche Rundschau*, 23 janvier 1916).

2. Les affirmations et les statistiques du directeur docteur Hubatsch pour prouver le contraire, n'enlèvent rien à ce caractère des classes élémentaires.

cher à leur propre domaine « supérieur »! Vouloir raccorder le secondaire au primaire, serait rabaisser l'un sans rehausser l'autre. Quelle est cette prétention des primaires à vouloir juger qu'un quelconque de leurs élèves possède la maturité voulue pour passer dans un gymnase? On n'a pas craint d'affirmer que l'école primaire unitaire, telle que, par exemple, le docteur Kerschensteiner l'a organisée à Munich, a donné des résultats « très peu réjouissants ». En vertu d'un axiome bien typique pour les esprits conservateurs satisfaits, l'école a le devoir de s'adapter aux conditions sociales existantes et non pas d'en créer de nouvelles. Les politiciens prétendent que non seulement l'école unitaire n'effacera pas les contrastes sociaux, mais qu'il est dans l'intérêt même des classes sociales d'évoluer chacune selon sa condition propre.

Le professeur docteur J.-F. Schmidt, titulaire de la chaire de pédagogie à l'Université de Berlin, a opposé à W. Rein des arguments plus sérieux [1]. Il reconnaît, comme son collègue de Iéna, la nécessité de créer, enfin, l'unité organique des divers ordres d'enseignement. Mais, il voit un véri-

1. Dans une conférence faite à la *Société Comenius*, le 25 février 1916, sur le problème *die nationale Einheitsschule* (*Gazette de Voss*, 26 février 1916) et dans un feuilleton de la même Gazette du 23 mars 1916.

table danger dans une école primaire unitaire et commune qui en formerait la base. Une pareille école serait en réalité une école « égalitaire » (*Gleichheitsschule*). Or, l'unité vraie, la seule qu'il soit indispensable d'établir, repose sur l'*éducation nationale* des futurs citoyens. Cette éducation n'a pas besoin pour base d'une école *d'instruction primaire unique*. Il ne faut pas confondre l'éducation, qui est morale et sociale, avec l'instruction, qui développe les facultés individuelles. Si on rend celle-ci, à son degré élémentaire, uniforme et égale pour tous les enfants, on crée une unité factice et momentanée, aussi nuisible à l'école primaire elle-même qu'à l'organisme tout entier de l'enseignement public. Dès les degrés supérieurs, la dispersion apparaîtrait, et ce serait le désarroi. Qui songerait à priver l'enseignement secondaire de sa liberté et de son vrai caractère en l'édifiant sur les fondations forcément sommaires de l'instruction primaire égalitaire? Car, en s'adaptant à *toutes* les intelligences, celle-ci devrait s'interdire de dépasser un certain niveau minimum. Au nom d'un postulat social assez chimérique on détruirait, d'une part, la riche floraison actuelle de l'instruction primaire moyenne et supérieure et, d'autre part, on obligerait l'enseignement secondaire à restreindre désormais ses exigences pour se raccorder au minimum primaire! Certes, tout le monde reconnaît l'impérieuse nécessité, patriotique et nationale, de ne laisser se perdre aucune force intellectuelle par la défaveur des circonstances. Mais, il faut se garder de tomber dans l'autre extrême et d'élever « une masse d'intellectuels hydrocéphales », en poussant *tous* les écoliers doués vers les études. C'est ce qui arriverait, si les maîtres de l'école égalitaire étaient appelés à appécier les dons de leurs « bons élèves », sans compter qu'on empiéterait sur tous les droits des parents à l'égard de leurs enfants. Autre danger : on enlèverait à la classe ouvrière ses meilleures intelligences. Les parents sont si ambitieux pour leurs petits, et les maîtres si complaisants! Ne sait-on pas, encore, que « les forts en thème » ne tiennent pas toujours dans la vie ce qu'ils ont promis à l'école? L'école unitaire et égalitaire deviendrait vite une pépinière de déclassés.

En résumé, M. Schmidt, qui est plus près de la Cour que M. Rein et qui ne paraît pas être en faveur des expériences faites dans l'Allemagne du Sud, veut, lui aussi, l'unité de l'école, mais une unité organique, intérieure, point schématique, qui embrasserait l'ensemble des enseignements publics, tout en laissant à chaque ordre son individualité propre et sa liberté d'essor. Le lien qui les unirait, ne peut et ne doit pas être l'instruction des facultés intellectuelles, mais l'éducation « par l'éthique et vers l'idéal de la nation allemande ». Les écoles doivent être toutes des *Bildungsschulen*, c'est-à-dire des établissements d'éducation et de culture. Il est dans l'intérêt de l'Etat — intérêt qui prime tous les autres — d'aider, dans la plus large mesure, les enfants non fortunés qui offrent des garanties morales, à faire leur chemin sans encombres.

***

On nous dispensera d'ajouter aux opinions des deux champions, MM. Rein et Schmidt, les avis de seigneurs de moindre importance; ils n'ont apporté aux arguments des Rein, Kerschensteiner, Natorp (de Marbourg), Brahn (de Leipzig) et Schmidt que des observations de polémique intéressée, et qui ne pouvaient guère influencer la décision du Gouvernement. Pour qui connaît la Prusse, cette décision ne pouvait être douteuse un instant. La *Einheitsschule n'a nulle chance d'aboutir, sous aucune forme*. Pour l'Administration, les effets de la réforme seraient beaucoup plus politiques que pédagogiques. Depuis 1848, les libéraux, les démocrates et les socialistes allemands ont préconisé une réforme de ce genre comme un moyen de rapprochement social. Les Etats du Sud et du Centre ont fait quelques concessions. La Prusse demeure réfractaire. Dans la séance de la Chambre des Députés du 16 mars 1916, le député socialiste Hoffmann a vigoureusement plaidé la cause de l'école primaire unitaire, gratuite et neutre. Comme bien on pense, il l'a demandée en reconnaissance des sacrifices immenses consentis par la classe ouvrière dans la présente guerre. En dehors de son parti, il n'a trouvé que sarcasmes et défiance. La proposition socialiste a été rejetée. « Le Maure a fait son devoir, le Maure peut s'en aller », dit-il amèrement, avec Schiller, pour caractériser l'attitude des dirigeants envers les socialistes patriotes.

***

Quant à la réforme qui unirait en un système organique, administratif et pédagogique, tous les ordres d'enseignement public, nous avons dit que la Prusse l'attend depuis un siècle. Le roi de Prusse qui appela aux armes l'Allemagne contre Napoléon, n'a pas eu le temps de sanctionner le projet élaboré par G. de Humboldt et Süvern d'après les idées des grands penseurs et des pédagogues du XVIIIe siècle. Guillaume II, roi de Prusse et empereur allemand, aura d'autres soucis après « sa grande guerre » que d'accomplir une réforme pour laquelle se sont unis, dans un moment d'angoisse patriotique, les partisans et les adversaires conscients de l'école unitaire et les politiciens sincères de presque tous les partis.

Ne restera-t-il donc rien de l'agitation créée autour de la *Einheitsschule?* Les instituteurs doivent-ils faire leur deuil de la « plus grande réforme scolaire », comme ils disent, qui donnerait « la voie libre au talent », et qui permettrait de tirer de la nation toutes les forces vives dont elle a besoin pour remplacer l'élite des citoyens engloutie par la guerre?

L'Allemagne et la Prusse feignent « d'avoir appris » par cette guerre combien le « peuple » recélait de « forces ». Pédagogues et politiciens somment les gouvernements de les laisser jaillir librement, et d'ouvrir aux déshérités capables le chemin des carrières et des fonctions. A différentes reprises, l'empereur et son chancelier se sont montrés disposés à les y aider. Mais l'Administration ne connaît pas les élans. Qui fera la sélection? Comment aidera-t-on efficacement les sujets d'élite à « percer »? Par quelles précautions évitera-t-on l'encombrement des études supérieures, la désertion des carrières pratiques, le déclassement? etc. Et, dans un autre ordre d'idées, qu'en pensent ceux qui jusqu'ici ont été les « beati possidentes » des privilèges?

Dans la Presse et à la Chambre des Députés, en mars 1916, le Ministre de Prusse a laissé discuter ces questions tout au long, et il a promis d'aviser. Il a fait savoir que déjà, d'après la loi, 10 pour cent des élèves des établissements secondaires étaient dégrévés des frais d'études, et que, depuis la guerre, cette proportion a été dépassée. Dans son propre intérêt, ajouta-t-il, l'Etat renonce à plus de trois millions et demi de marks de rétributions scolaires. Il y a, en plus, de nombreuses bourses qui ne sont pas données « comme des aumônes ». Les pédagogues qui savent, sont d'un avis moins optimiste. Trop de bourses sont ou distribuées à la faveur, ou elles sont tout à fait insignifiantes. Le pédagogue berlinois bien connu, Adolf Mathias, a demandé en termes vigoureux que les bourses d'études, fondations, etc., soient centralisées, et que leur distribution soit équitablement organisée[1] : il faut les accorder au mérite seul, les rendre

1. *Berliner Tageblatt*, 17 février 1916 (2e suppl.). *Zum Thema : Entwurzelte Jugend.*

suffisantes, les prolonger jusqu'à ce que le but soit atteint, et les refuser impitoyablement à ceux qui démériteraient au cours de la scolarité.

Quant aux facilités de passage de l'école primaire à l'école secondaire, les journaux libéraux ont annoncé[1] que le Ministre avait pris un arrêté abolissant l'examen d'entrée en sixième secondaire pour les élèves ne provenant pas des classes préparatoires, et autorisant les écoliers primaires reconnus aptes par *leur directeur et leur inspecteur* à y entrer, après leur troisième année primaire, sans autre formalité, sous la seule réserve de se voir renvoyer à l'école primaire s'ils se montraient insuffisamment préparés pour s'acclimater à l'école secondaire. D'autre part, les « classes préparatoires » des gymnases, etc. seraient invitées à mettre

1. *Gazette de Voss*, 6 juin 1916 (1er suppl.). : *Der Aufstieg der Volksschüler. Berliner Tageblatt*, 27 juin 1916 : *Schulpolitischer Fortschritt*, par le docteur Max Brahn, de Leipzig. *Ibid.* 11 juillet 1916 : *Aufstiegswege für begable Berliner Gemeindeschulkinder*, par l'inspecteur municipal docteur L. H. Fischer. Ce fonctionnaire propose ou d'organiser des classes préparatoires, en vue des études secondaires, dans les écoles communales, ou de raccorder à celles-ci les écoles réales de la ville, ou, enfin, de créer des écoles secondaires spéciales pour élèves sortant des écoles primaires. Pour les filles, l'ascension serait plus malaisé à organiser. Les projets de M. Fischer ne conduiraient les enfants du peuple qu'aux écoles réales ou normales.

leur programme au niveau des classes primaires populaires. Sans violence on amènerait, pensait-on, les premières à disparaître par inanition[1]. Autrement rien de changé au statu-quo. Mais, il paraît que les journaux libéraux se sont réjouis trop tôt[2]. La *Tägliche Rundschau*[3], dont on connaît l'esprit réactionnaire, annonce, en effet, qu'en « lieu compétent » on ignorait la préparation d'un pareil arrêté. Le Ministre s'occuperait simplement « à mettre à jour un arrêté de 1837 (!) réglant l'admission dans la classe de sixième des gymnases »; il veut rendre « plus uniformes les conditions d'admission conformément aux programmes actuels des écoles secondaires ». Car, il y aurait des difficultés considérables à « raccorder l'école primaire à l'école secondaire », en premier lieu la diversité des écoles primaires elles-mêmes. Il y en a, en effet, qui distribuent leur programme sur

1. « L'idée de supprimer les *classes préparatoires* et d'interdire la création *d'écoles privées* qui prendraient leur place, afin d'obliger tous les parents d'envoyer leurs enfants à l'école primaire publique, ce qui ouvrirait à toutes les couches sociales l'accès aux écoles supérieures, rencontre des obstacles de réalisation difficiles à surmonter ». Début de l'article de M. Fischer cité ci-dessus, p. 110, note.

2. *Ein schulpolitisches Meisterstück*, dit le radical *Berliner Tageblatt*, 27 juin 1916.

3. Le 6 juillet 1916.

six, sept et huit années, d'où inégalité du niveau de l'instruction après la troisième année.

Nous ignorons si vraiment les partisans de cette petite réforme ont pris leurs désirs pour des réalités. Un fait est certain : l'arrêté ministériel ne changera pas grand'chose. Ce ne sera guère plus qu'un de ces expédients « dont est faite toute l'organisation scolaire prussienne ». Dejà des doutes ont été exprimés au sujet de la « sélection » des bénéficiaires de la mesure[1]. Les pédagogues allemands ne connaissent pas le système des concours en vigueur dans les pays latins, et ils savent combien le « choix » est chose délicate. Un admirateur de Fichte a conçu tout un régime que nous résumons à titre de curiosité[2] :

On commencera par empêcher les nourrissons de mourir. On réduira la dégénérescence et la dépravation. Les enfants sains, garçons et filles, seront élevés pour être « vaillants » (*tüchtig*). L'idée d'une « année de service » pour les femmes est très réalisable[3]. Les garçons seront tous

1. Le docteur Max Brahn, entre autres, dans l'article cité du *Berliner Tageblatt*.

2. Félix Freiherr von Stenglin, dans la *Gazette de Voss* du 21 septembre 1916. L'article est intitulé : *Deutsche Erziehung* (éducation allemande).

3. La presse de 1915-1916 a consacré de nombreux articles à ce sujet de féminisme guerrier. Voir ci-dessous, chap. VII.

instruits dans la même école populaire, ou du moins selon un programme commun qui permet, en principe, à tous de passer dans les écoles supérieures. Tous les ans, on fera la sélection des mieux doués. Les bons sujets pauvres doivent pouvoir « arriver » aux fonctions élevées « pourvu qu'ils soient de famille honorable ». L'Etat qui aura besoin d'eux, fera tous les frais de leur éducation et de leur entretien, dans des internats spéciaux et jusqu'au moment de leur nomination à un emploi public. On dédommagera même les parents de ce que leurs fils auraient pu gagner dès l'âge de quatorze ans. Naturellement, on limitera le nombre des élus pour éviter l'encombrement, le déclassement, l'appauvrissement en intelligences des classes ouvrières. Il faudra aussi rejeter dans le peuple, où « ils se retremperont », les cancres fortunés ». Ainsi, en « activant l'échange entre les diverses classes sociales, on laissera les souches épuisées reprendre de la sève nouvelle ». « L'héroïsme, l'esprit de sacrifice et l'organisation moderne ont révélé une force qu'il est nécessaire de perpétuer et d'augmenter : sans développement après 1914-1915, il n'y a pas d'avenir allemand ».

L'auteur de ce rêve d'avenir allemand sait que l'idée maîtresse de son régime vient de la Révolution française. Les conseils de Fichte n'ont pas été écoutés. Car, le XIXe siècle n'a apporté à l'Allemagne qu'une réalisation partielle des projets du philosophe patriote. Le seigneur de Stenglin voudrait qu'on y revînt « méthodiquement », en créant « les conditions favorables », car il a « foi en un essor insoupçonné » de l'Allemagne, si celle-ci sait « déchaîner ses forces ».

Un politicien de renom, von Zedlitz und Neukirch[1], leader d'une fraction importante des conservateurs de Prusse, juge possible une sélection, à condition, toutefois, qu'elle soit *très rigoureuse*, et qu'elle n'admette aux études supérieures que des enfants pauvres *exceptionnellement doués*. Mais, il prévoit une forte résistance de la part des « faux-bourdons » — entendez les fils des riches et des gens de qualité, — qui ne voudront pas se laisser déposséder de « leurs » carrières pour en embrasser d'autres « moins considérées[2] ». M. de Zedlitz

1. *Berliner Tageblatt*, 12 juin 1915 (résumé d'un article de von Zedlitz dans la *Post*).

2. En Allemagne, l'homme est « taxé socialement » selon sa naissance et, depuis quelques temps, selon sa fortune ou sa fonction publique, enfin, selon ses titres « académiques. » : aristocratie de noblesse et de fortune; fonctionnarisme; intellectualisme diplômé. On espère qu'après la guerre la « valeur personnelle » deviendra le facteur décisif pour la « sélection » de l'élite sociale. *Die soziale Wertung der*

connaît la force des préjugés chez les siens. Il en est tellement imbu lui-même, malgré ses concessions apparentes, qu'il excepte les « officiers » de son projet d'émancipation des moins fortunés. Cette réserve, comme d'ailleurs les précautions recommandées pour la sélection, sont significatives. Les officiers et les pupilles de l'État formeraient des cadres qu'aucune démocratie sociale ne pourrait plus briser. Ce serait l'asservissement, plus complet encore qu'il ne l'est déjà, des hommes capables de penser.

***

La note juste sur la discussion autour de la *Einheitsschule* et de la promesse ministérielle sur les facilités accordées désormais aux « talents », c'est, à notre avis, un « outsider » qui l'a donnée, en exprimant son regret que personne n'ait pensé aux carrières professionnelles et artistiques[1] :

« Tout cela est très bien, c'est le principal et

Berufe (l'appréciation des carrières au point de vue social), par le professeur docteur Eulenburg (de Leipzig). *Berliner Tageblatt*, du 18 juin 1916 (2e suppl.).

1. Fritz Stahl, *Von der Werkstatt zur Akademie* (de l'atelier à l'Académie des B. A.), dans le *Berliner Tageblatt*, 7 juillet 1916.

jusqu'ici l'unique résultat produit par le grand sentiment d'union des premiers temps de guerre. Toutes les cloisons devaient tomber, qui séparaient les Allemands des Allemands; de même que dans l'armée, il ne devait plus y avoir de partis, ni de classes. Depuis, la routine journalière a repris ses droits, et il faut voir combien ou combien peu de ces fleurs de rêve donneront des fruits. La belle idée de l'unité dans l'éducation est peut-être plus belle comme idée que comme réalité. Dans tous les cas, elle est très difficile, peut-être même impossible à réaliser. L'essentiel est, sans doute, que l'enfant doué ait la voie libre, et que la cloison de la classe sociale et de la pauvreté ne rende pas « l'ascension » impossible. La vie s'ouvrira ainsi tout autre devant l'enfant du peuple. Tout dépend de l'application libre et humaine des mesures. »

***

En vérité, la mesure de l'administration, si toutefois elle sera telle que l'a annoncée la Presse radicale, sera tout ce qui restera de la nouvelle joute pédagogique et politique pour l'école unitaire. La Prusse n'est pas près de devenir « libérale. »

V

LES ATTAQUES
CONTRE LES HUMANITÉS
CLASSIQUES ET MODERNES

V

LES ATTAQUES CONTRE LES HUMANITÉS CLASSIQUES ET MODERNES

D'où vient qu'en Allemagne, dès les premiers mois de la guerre, les écoles « supérieures » (secondaires), et tout particulièrement le « gymnase classique, » ont été attaquées avec une violence et un acharnement inconnus jusqu'ici dans les luttes scolaires? Directeurs et professeurs[1], étudiants des

1. Il y a à peine une différence dans les nombres des professeurs de gymnase et d'école réale mobilisés : d'une école réale supérieure de Berlin (*Königstädtische Oberrealschule*), 118 professeurs sont partis; du gymnase Ascanien, 94; du gymnase réal Helmholtz, 80. Pour Berlin, le pourcentage varie entre 30 et 58. Nous n'avons pas de données exactes pour déterminer la part des gymnases classiques et des écoles réales ou semi-réales de la province (*Gazette de Voss*, 20 juin 1915. *Berliner Lokal-Anzeiger*, 4 avril 1915). *La Gazette de Francfort*, du 14 septembre 1915, estime la proportion à 40 %.

universités[1] et potaches des classes supérieures[2] avaient couru aux armées, comme officiers et sous-officiers de réserve ou comme engagés volontaires. Leur nombre dépassait, dit-on, plusieurs corps d'armée. Aucun grief n'avait été formulé contre eux, bien au contraire. D'où est venue alors cette rage soudaine de vouloir « bouleverser » de fond en comble l'enseignement qui les avait formés ? Cette question, les lecteurs des grands journaux allemands ont dû se la poser quand, satisfaits des nouvelles de la guerre, leurs regards glissaient sur les autres rubriques de leur gazette.

Guillaume II se flattait d'avoir établi un *modus vivendi* entre « anciens et modernes ». Par deux fois, il les convoqua en « conférences » à Berlin, pour qu'ils se missent d'accord. Un rescrit, qu'il signa à bord d'un de ses cuirassés en 1900, déclara équivalents « au point de vue de la culture des esprits » les gymnases classiques et les écoles réales. Chaque ordre d'établissements devait désormais

1. Voir ci-dessus, p. 23, note, les chiffres des étudiants enrôlés : 56.000.

2. D'après 60 comptes-rendus annuels de Berlin et des environs, on estime en moyenne à 30 °/o les élèves enrôlés depuis les troisièmes supérieures jusqu'aux premières supérieures, c'est-à-dire des cinq dernières classes des établissements secondaires (*Gazette de Voss*, du 20 juin 1915). Beaucoup de premières sont entièrement désertes.

aller son propre chemin et faire de son mieux pour produire des sujets loyaux et utiles de l'empire.

Ce compromis n'a enlevé au gymnase classique aucun de ses privilèges. Comme par le passé, il ouvre toutes les carrières. La protection des universités et la faveur du public bien né et bien pensant lui demeurent acquises. Peut-être même ont-elles augmenté par les effets de la « persécution ». Les écoles réales, de leur côté, ont prospéré, grâce à l'industrie et au commerce qu'elles alimentent de forces disciplinées et productives. Cependant, trop de préjugés s'opposaient toujours à leurs ambitions. Elles aussi voudraient accéder de plain-pied aux situations données par le pouvoir. Et leurs exigences croissaient au fur et à mesure que grandissait la puissance matérielle de l'empire. Il n'y avait plus de raisons pour les contenir, malgré l'ordre du maître, au moment où le Gouvernement de Berlin déclencha le bouleversement général.

La querelle est de celles qui pouvaient attendre jusqu'après la guerre. On aurait pu laisser « brailler » quelques « héros de la férule », gagnés par la « folie dévastatrice[1] » des « braves guerriers » du front, et s'agiter les novateurs professionnels qui avaient

1. Les termes entre guillemets sont empruntés à la polémique de presse d'Outre-Rhin.

à placer des réformes rentrées. Mais, le désarroi s'était emparé de tout l'enseignement public dès les premières semaines de la guerre. La Prusse en fut d'autant plus affectée que son organisation est plus bariolée et plus étroite. Afin d'assurer la réunion des classes, l'Administration alla jusqu'à remplacer par des femmes les maîtres mobilisés, même dans les écoles secondaires. Cela ne s'était jamais vu en Allemagne[1]. L'opinion publique s'alarma de l'accroissement de la criminalité de la jeunesse et, naturellement, formula des doutes agacés sur la valeur éducative de l'école. Des gens autorisés firent entendre des préoccupations angoissantes sur l'avenir de la race et de la patrie. L'éxaltation guerrière déchaîna les passions politiques, en dépit de la trêve des partis décrétée, elle aussi, par l'empereur dans son premier appel au peuple. Les pédagogues, pacifiques à l'ordinaire et gens de discipline; ne furent pas les moins prompts à s'emballer. L'administration de l'armée avait mobilisé la jeunesse et enjoint au département de l'Instruction publique de prendre en main la préparation militaire des écoliers. D'emblée ce nouvel

1. *Gazette de Francfort*, 14 septembre 1915. — *Berliner Tageblatt*, 15 octobre 1915 : *Frauen in Berliner Gymnasien*. — *Gazette de Voss*, 5 décembre 1915 : *Die Lehrer-Kollegien im Krieg*, par le professeur docteur Hildebrandt.

intrus, à la fois populaire et bien appuyé en haut lieu, réclama pour lui tout seul une après-midi entière de la semaine scolaire — à prendre, cela allait de soi, sur les matières « inutiles » des programmes, sur les sujets de « luxe, » prétendus « idéals » ou jugés « trop éloignés des besoins nationaux du moment ». Les humanités classiques se trouvaient visées directement.

« Dans sa tranchée, sous le tonnerre du canon », un directeur de gymnase éprouva le besoin de démolir l'institution surannée qu'il dirigeait naguère, et dressa un plan nouveau conforme à la « grande actualité allemande ». L'exemple de Louvain, sans doute! Sa lettre parut dans une revue pédagogique réputée, à tort ou à raison, comme porte-parole de l'Administration[1]. Un confrère lui fit écho, en grossissant la voix, dans un quotidien non moins réputé[2].

L'enseignement secondaire, selon ces réformateurs farouches, n'est que « superfétation » et « in-

1. *Monatsschrift für höhere Schulen*.

2. Nous empruntons ces renseignements à l'article : *Das Gymnasium eine Ruine?*, de l'Oberlehrer docteur Rommel, dans la *Gazette de Voss*, du 3 octobre 1915. Le docteur Rommel fait allusion aux articles *Unsere jungen Griechen und Römer*, parus dans la *Gazette de Cologne*, n° 371 et 451 (1915).

cohérence », « une boîte à surmenage, que maudissent également les élèves et les parents ». Quant au gymnase classique, « ruine chancelante, rapiécée, depuis longtemps inutile, c'est un anachronisme ». Il faut le « balayer » et mettre à sa place une institution bien allemande, qui « réponde aux nécessités du présent, » quelque chose comme une « école de sous-offs et de maîtres de gymnastique, sans latin, ni grec, ni langues étrangères, avec, pour tout programme, beaucoup de culture physique agrémentée d'un peu de science ».

On devine l'impression que firent de pareilles sorties sur le grand public grisé par les succès « techniques » des « incomparables » armées. Dans le radical *Berliner Tageblatt*[1], un collaborateur habituel, Fritz Mauthner, exposa, non sans verve, la thèse du soi-disant bon sens de l'homme de la rue. Que de choses l'a-t-on forcé d'étudier pendant de trop longues années, qui auraient pu être les

1. Du 7 octobre 1915. Le 26 janvier 1916, le même journal a publié un article analogue de Paul Harms : *Die Schule nach dem Kriege.* « Le seul but de l'école est de former des citoyens utiles pour l'empire allemand; cela peut s'obtenir sans grec, ni latin ».

meilleures de sa jeunesse! et combien ennuyeuses, inutiles, fausses même, aussi vite oubliées que péniblement apprises! Comme Guillaume II, Mauthner n'a pas conservé du « bahut » un souvenir réconfortant : « Pitié pour les petits. Ecoutons Montaigne et Rousseau, Fichte et Pestalozzi! Qu'on en finisse avec l'antiquité classique, avec l'histoire ou mieux avec « les histoires », ramassis de légendes absurdes et de faits non démontrés, qui n'intéressent pas les jeunes gens. Le gymnase classique a fait son temps. Cette institution a rendu de grands services, mais maintenant elle s'effrite. Le monde a marché. Les réalités du moment s'imposent impérieusement. Les enfants sont l'avenir du peuple, l'école est l'avenir de cet avenir. Que l'Etat autorise les maîtres à élever dans une école commune une jeunesse joyeuse; à y enseigner des choses, non des mots; à y exercer une justice prudente, qui fait dépendre l'ascension vers un plus grand savoir et vers les emplois de responsabilité uniquement de l'effort et des dons naturels, sans crainte qu'un fils de journalier puisse devenir attaché d'ambassade. L'Etat ne doit pas avoir le droit de faire dépendre l'aptitude aux fonctions publiques des examens en grec et en latin ».

De son lit d'hôpital, un jeune poète blessé à la guerre, Franz Werfel, répondit « avec tempérament » aux « sarcasmes » faciles du « libre penseur[1] ». Lui aussi a subi pendant neuf ans « les ennuis et les tortures » de l'école classique. « Le détail des choses enseignées s'est évanoui, la synthèse est restée ». Veut-on donc « américaniser » les jeunes cerveaux, « dessécher leurs rêves, faire des gamins de quinze ans des constructeurs de machines, des dentistes, des accoucheurs »? Ce qu'il faut, c'est remédier à « l'immense innocence psychologique des éducateurs, autrement dit à leur ignorance de la jeunesse et à leur incapacité de la former ».

Le journaliste s'est incliné poliment devant cet idéalisme généreux. Il s'est défendu seulement de vouloir prêcher un « pragmatisme » bassement utilitaire. Mais, il sait qu'il a pour lui, en ce moment d'exaltation patriotique, le monde des affaires, la politique réaliste et les pédagogues nationalistes.

Un de ces derniers[2] raconte, avec une sainte indignation, qu'il a entendu un ingénieur et un chimiste allemands désirer la fin de la guerre, « afin

1. Par déférence, et sans faire siennes les opinions du poète, le *Tageblatt* inséra la réplique, le 27 octobre 1915.

2. *Gazette de Cologne* 17 juillet 1915 : *Staatsbürgerliche Aufgaben der höheren Schulen*, par Fr. Hahn, Oberlehrer au Gymnase de Mülheim a. d. R.

de pouvoir retourner, le premier aux usines Poutilow, l'autre en Angleterre gagner de gros appointements et mener une existence large et confortable ». « Pour le bien du *Vaterland* et des pays qui formeront avec lui la future *Union centre-européenne*, les citoyens allemands doivent recevoir une instruction et une éducation exclusivement allemandes, si l'on veut obtenir un esprit civique qui rende impossible, désormais, à la Russie de placer, comme elle l'a fait en 1913, pour 60 millions de roubles d'obligations en Allemagne ! Il est temps de faire, enfin, de l'instruction civique allemande le pivot de l'enseignement dans les écoles « supérieures » et même dans les universités, pour qu'aucun Allemand ne devienne plus traître à la patrie en travaillant à l'étranger pour les adversaires de l'Allemagne[1]. »

***

L'écho facile que ces attaques avaient trouvé dans l'opinion, remplit d'émoi les *Amis du Gym-*

1. On sait que le Gouvernement allemand a rappelé aux Allemands, notamment à ceux d'Amérique, qu'ils se rendent coupables de haute trahison en travaillant dans les usines de munitions et dans toute industrie produisant pour les Alliés.

nase classique, association de philologues puissamment soutenue par les anciens élèves arrivés aux hauts sommets de la science et de l'administration.

Ils protestèrent en ces termes :

« Certes, la guerre a fourni un témoignage péremptoire des forces morales et intellectuelles du peuple allemand que l'école allemande a le devoir de conserver et d'augmenter; mais il n'est pas moins certain que ces forces, cultivées depuis des siècles, reposent, en partie, essentiellement sur la culture antique. A côté du christianisme, c'est surtout l'afflux fécond de la pensée antique qui a produit ce qu'on appelle aujourd'hui « la manière allemande » (*deutsche Art*). Le mérite du gymnase classique est d'être un lieu de culture de cette pensée. L'abolir ou même le réduire, au moment du plus grand événement national, ne se justifierait que si la jeunesse qu'il a envoyée à la guerre, s'était montrée inférieure aux points de vue physique, moral, intellectuel, ou peut-être patriotique, et si les valeurs éducatives contenues dans l'antiquité pouvaient être remplacées par d'autres. Les adversaires du gymnase n'en ont pas fait la preuve jusqu'ici et devront renoncer à la faire jamais. *L'enjeu suprême de la présente guerre est la culture nationale allemande*, qui doit sa trame particulière au culte de l'antiquité. Celui qui cherche à diminuer ou à détruire le gymnase, prive notre culture d'une des conditions fondamentales de son existence. De même que tout ce qui dans l'Histoire est devenu réalité, le gymnase est soumis à la loi d'évolution. Il ne demeurera donc point fermé dans l'avenir, pas plus qu'il ne l'a été dans le passé, aux expériences (*Erkenntnisse*) et aux exigences nouvelles, et salue, par exemple, avec joie l'arrêté ministériel récent relatif à la réorganisation de l'enseignement historique. Mais son caractère essentiel, le retour aux sources antiques de notre culture, doit être préservé de toute façon, si on ne veut pas fermer à notre peuple l'intelligence historique de son passé et de son présent.

A cette conviction les amis du gymnase classique joignent, sans partialité aucune, la reconnaissance sans réserve de l'équivalence des trois types d'écoles secondaires; il n'y toucheront pas eux-mêmes et ne désirent point que d'autres y portent atteinte ».

Protestation digne, mais qui ne trahit pas moins, par son allure à la fois embarrassée et conciliante, une angoisse réelle. Les auteurs se sont rendu compte que le moment et le but de l'attaque étaient également graves[1].

1. *La Gazette de Francfort* (30 septembre 1915) se contente de la reproduire sans commentaire, mais en soulignant la phrase relative à la culture nationale. La *Gazette de Voss* (du 26 septembre) inséra, sous le titre *Angriffe gegen das Gymnasium* (attaques contre le gymnase) une communication des professeurs agrégés (*Oberlehrer*), qui caractérise les attaques comme injustifiées, inopportunes et inconsidérées.

*
* *

On nous dispensera de ressasser ici les arguments de fond déjà produits contre les humanités antiques. Les détracteurs de parti pris les ont récapitulés par habitude. D'autres, plus habiles, ont fait prévaloir, en raison des circonstances, les questions de mesure, de modalité et d'opportunité de ces enseignements. Selon eux, le gymnase classique n'a guère profité des récriminations antérieures pour se mettre à l'abri contre des attaques nouvelles. Le latin et le grec occupent toujours la première place dans les horaires. Dans l'appréciation du travail des élèves[1], on n'a pas cessé de leur attribuer le coefficient maximum des « matières principales et obligatoires ». L'enseignement a gardé l'allure grammaticale et philologique. Les

1. *Zur Neugestaltung unseres höheren Schulwesens*, par le docteur Georg E. Burckhardt, dans la *Gazette de Cologne*, 8 novembre 1915. M. B. demande un enseignement *vivant*, donné par des pédagogues capables de faire de l'éducation nationale allemande avec n'importe quelle matière : l'équivalence réelle de toutes les matières du programme et une réorganisation conforme de la discipline, des notations, des promotions et des examens de maturité : un gymnase « humain » fait *pour* les élèves, au lieu et en place du « dogme conventionnel » élaboré pour leur assujetissement.

professeurs demeurent inféodés à la tradition pseudo-humaniste, qui consiste à « préparer les jeunes gens pour la vie en ne leur enseignant rien qui ne soit directement utile à la vie[1] ». Universitaires eux-mêmes, ils les dressent en vue des études supérieures. C'était là, dans la position de défensive à laquelle le gymnase était réduit depuis un quart de siècle, des points vulnérables. Aussi les radicaux n'ont-ils pas manqué d'y porter leurs attaques, dans l'espoir d'en finir cette fois-ci, à la faveur des passions politiques, avec une institution que les conservateurs s'efforcent de sauver dans l'intérêt de leur caste et de leur prétendue supériorité.

On eut conscience, dans les milieux compétents, que le principe même de l'éducation humaniste était en danger.

Former des hommes pour eux-mêmes avant tout, leur donner une personnalité morale et une individualité intellectuelle par des enseignements qui développent le mieux les facultés naturelles, tel était le principe de saine pédagogie sur lequel les humanistes allemands du début du XIXe siècle avaient édifié l'école en général et le gymnase clas-

1. Axiome attribué au pédagogue très connu comme défenseur du gymase classique, Oscar Jäger.

sique. L'antiquité, c'est-à-dire l'hellénisme par son contenu moral et esthétique, et le latin par la structure logique de sa grammaire, semblait alors offrir les moyens les plus appropriés à former des *hommes* dans le sens complet et idéal du mot[1]. Au courant du XIXe siècle, les influences scientifiques, réalistes, sociales et politiques ont détourné la pédagogie allemande de ce but généralement humanitaire. L'école secondaire, le gymnase classique surtout, se trouvait plus que toute autre exposée à ces influences du dehors et sans cesse contrainte d'y réagir pour défendre son « idéal ». Les attaques d'aujourd'hui sont la conséquence logique de cette évolution. Dans l'impossibilité de remonter le courant, les efforts des pédagogues avisés tendent, maintenant, à sauver le principe fondamental de la pédagogie des néo-humanistes — et de toute saine pédagogie, — en substituant, selon le goût du jour, la « Kultur » allemande à la culture antique.

1. *Die Schulpolitik des Neuhumanismus und ihre Bedeutung für die Gegenwart*, par le professeur docteur Budde (Hanovre), dans la *Gazette de Voss*, 1er août 1915 (suppl.). Le même auteur a publié une brochure *Krieg und höhere Schule* (Langensalza, 1915), pour démontrer la nécessité de placer dans le centre du futur enseignement secondaire le *Deutschtum*, supérieur à l'antiquité et à toutes les langues et cultures modernes.

Élever des jeunes Allemands au culte de l'antiquité grecque, quel anachronisme et quelle hérésie impardonnable ! La science historique n'a-t-elle pas montré un hellénisme tout autre[1] que celui qu'on s'est plu à idéaliser au siècle dernier, afin de donner aux enfants des modèles d'hommes, de citoyens, de héros, de penseurs, d'écrivains et d'artistes parfaits ? La culture antique n'est que la « racine » de la culture allemande[2]. « Nous autres Allemands n'avons que faire d'une racine, puisque nous en avons la fleur et le fruit dans notre propre culture ! »

A quoi bon, dit un autre, ennuyer les jeunes gens avec des règles grammaticales et des lectures pénibles, alors que les chemins de fer conduisent commodément, aujourd'hui, en terre classique, que des photographies en montrent les monuments et que des traductions permettent de lire utilement les auteurs ? L'étude du grec est tellement réduite

1. *Was spricht gegen das Gymnasium?*, par l'Oberlehrer docteur Kurt Kesseler (*Gazette de Voss*, 21 novembre 1915. 6e suppl.). Le docteur Richard Fritze (de Kiel) a répondu à cet article que Homère, Sophocle, Platon, Démosthène, etc... restent ce qu'ils sont, que l'art grec demeure à jamais la « fontaine de jouvence » de la culture allemande (*Ibid.*, 27 novembre 1915).

2. C'est là une idée du fameux historien pangermaniste Karl Lamprecht.

qu'elle ne peut plus mener à rien. Quant au latin, sa vertu éducative pour la formation de l'esprit est surfaite. On en est revenu. Des spécialistes autorisés en parlent comme d'un dogme suranné[1]. On possède à présent des sujets « à gymnastique intellectuelle » autrement précis, les mathématiques par exemple. Et, puisqu'on ne tient plus essentiellement à l' « éducation formelle », mais à une « éducation pour la vie basée sur un idéalisme moral » (*eine in einem sittlichen Idealismus wurzelnde Lebensbildung*), point n'est besoin d'emprunter à d'autres temps et à d'autres races ce que le peuple allemand possède en si riche et en si excellente abondance !

Athènes et Rome, avec leur « culture », sont reléguées plus ou moins respectueusement au musée d'antiquités. L'Allemagne et sa culture les remplacera. Le nombre a grandi, depuis la guerre, de ceux qui emboîtent le pas à l'empereur, lequel, « d'un coup d'œil étonnamment génial » avait insisté, aux conférences de 1890 et de 1900, pour « une plus forte nationalisation » de l'enseignement secondaire[2]. Des amis sincères du gymnase

1. *Formale Bildung*, par le professeur docteur Budde, (Hanovre) dans la *Gazette de Cologne*, 17 février 1916.
2. Budde, *Formale Bildung*, loc. cit.

humaniste admettent aujourd'hui la nécessité de faire du « gymnase classique » un « gymnase allemand ». Ils demandent qu'on y élève des citoyens de l'Etat allemand, également capables « d'aborder des travaux scientifiques et de remplir des postes d'initiative et de confiance dans la vie ». Mais, tous ne vont pas jusqu'à prétendre que la pédagogie future doive renoncer à son véritable rôle qui est de former *des hommes*, pour ne *former que des hommes et des femmes allemands*[1]. Ils croient « dur comme fer » que la culture allemande a assimilé toutes les essences précieuses de l'antiquité et du christianisme[2], mais ils ne poussent pas

1. *Die deutsche höhere Schule der Zukunft*, par le docteur K. Horn (de Francfort-s.-l.-M.) (Compte-rendu du docteur Budde, dans le *Berliner Lokal Anzeiger* du 3 juin 1916.) « Si, Horn dit : Ce n'est pas des hommes que nous voulons élever dans nos écoles supérieures, mais des hommes et des femmes allemands, il perd de vue, par l'effet d'un nationalisme exagéré, le but suprême de l'éducation. » (Budde).

2 *Das « deutsche » Gymnasium*, par le directeur C. Grunwald (de Friedberg, N. M.), dans la *Gazette de Voss*, 26 novembre 1915. Ce directeur est partisan des anciens : « Trois sont devenus un en nous : Le Grec, le Chrétien et l'Allemand. » « Les Grecs ne sont pas pour nous des modèles, ce sont des précurseurs ». « Introduire dans l'esprit de l'antiquité et par là dans la culture allemande, voilà le devoir du gymnase ». « Français et Anglais n'ont pas de gymnases allemands, que personne ne peut imiter, pas plus qu'on n'imitera nos officiers, nos fonctionnaires, nos com-

la présomption nationaliste jusqu'à vouloir séparer la culture allemande de toutes ses attaches, anciennes et modernes.

***

L'Allemagne tourne le dos à l'antiquité, à laquelle elle doit les plus purs chefs-d'œuvre de sa littérature classique. On devine quel sort son nationalisme parvenu réserve à la culture des nations modernes, ennemies implacables du germanisme

merçants. Les sympathies funestes de l'Amérique prouvent combien il est indispensable d'apprendre les langues étrangères pour connaître l'âme de nos adversaires ». Ces citations indiquent l'esprit de l'article. Des propositions semblables sont faites par Albert Espey, dans son livre *Die Schule des neuen Deutschland. Winke und Ratschläge zur Vertiefung des Unterrichts* (Berlin, Concordia, 1916). [L'école de la Nouvelle Allemagne. Avis et conseils sur l'*approfondissement* de l'enseignement.] « Du grec et du latin on n'enseignera que ce qu'il faut pour comprendre la terminologie gréco-latine, le reste est affaire des universités. Plus on enseignera de langues vivantes, plus l'Allemagne se fera de clients, et mieux elle connaîtra ses ennemis. Tout l'enseignement doit être vivant, *biologique*, donné par un corps enseignant *homogène* (préparé dans les universités, sur une base *germanique*), et doit former des hommes capables de jugement, des caractères *de fer qui ne changent pas l'élément chrétien en sentimentalité* ». (*Berliner Lokal Anzeiger*, du 17 mars 1916, suppl.).

et de sa mission mondiale. L'étude du français, de l'anglais ou de l'italien est déclarée antipatriotique et superflue, partant nocive. Chaque heure qui leur est consacrée, est perdue pour la langue maternelle. Comment peut-on justifier, aujourd'hui, que dans une école publique de l'empire on fasse huit heures de latin par semaine et deux ou trois heures de français ou d'anglais, alors que la langue maternelle est traitée en Cendrillon? On prouve à coup de statistiques « nouvelles » que l'allemand est aussi répandu dans le monde que l'anglais, et que le français, malgré une légère augmentation, est dépassé par les deux dans la proportion de trois contre un [1]. Le commerce mondial? mais il se fera en allemand! Quant à la « culture », aux « légendes » et « délicieux chants populaires », « aux mœurs, coutumes et institutions politiques » — « il n'y en a qu'en Allemagne [2]! » Ce qui vient de l'étranger, notamment de France, c'est la littéra-

1. Ces statistiques ont fait le tour de la presse allemande et autrichienne (*Neues Wiener Journal*, 21 août 1915).

2 Il était réservé à une femme, doctoresse de l'Université de Paris, auteur d'une thèse sur Voltaire, de formuler des arguments de ce genre avec le plus de rancune : Mlle Käthe Schirmacher. La conférence qu'elle a faite au Colosseum de Kiel, comme d'ailleurs toute sa propagande xénophobe et hypergermaniste, a été sévèrement jugée par le *Berliner Tageblatt* (20 novembre 1915).

ture pourrie, les cabarets inavouables, les termes parasitaires, les modes ridicules, etc., etc[1]....

Qu'on renonce donc à apprendre aux jeunes Allemands quelques bribes de français ou d'anglais de « garçon de restaurant ». Ce sera tout profit pour la langue maternelle, pour la dignité, pour les mœurs, pour la culture allemandes!

La proscription des langues française et anglaise vaut surtout par l'esprit qui l'a dictée[2]. Nous

1. La campagne contre notre littérature et contre notre art est depuis longtemps un besoin quotidien pour une certaine presse allemande. « Celui qui achète un roman français, fait une concurrence déloyale à un écrivain allemand », a déclaré Mlle Käthe Schirmacher. — Cependant, dans une vente de tableaux faite à Berlin, il y a quelques mois, des impressionnistes français se sont vendus à des prix que des maîtres allemands n'ont jamais même approchés. — Les cabarets de Berlin sont autrement patronnés que ceux de Paris, qu'ils ne valent pas. — Dès le début de la guerre, enfin, le *Deutscher Sprachverein* (Société pour la langue allemande) a entrepris, avec l'aide de la police, une chasse ridicule aux termes étrangers usités dans le commerce, dans les annonces, dans les restaurants, administrations, etc., campagne qui a pour pendant la campagne grotesque austro-allemande contre les modes de Paris. Ce sont là des chapitres à écrire pour un ouvrage sur la psychologie des Allemands pendant la guerre.

2. Un exemple : Le conseiller scolaire supérieur, professeur docteur H Gaudig [*Ausblicke in die Zukunft der deutschen Schule*, Leipzig. Teubner 1913] adjure ses confrères ès-pédagogie « d'épargner à la jeunesse l'apprentissage des

aurions voulu croire, avant la guerre, que le préjugé héréditaire contre notre langue, fait de haine et de jalousie, s'était émoussé. Il persiste, avec en plus, aujourd'hui, le mépris orgueilleux du parvenu. Aussi propose-t-on de la bannir des écoles secondaires de garçons et de filles; tout au plus, y laisserait-on *etwas franzoesisch*, à titre facultatif!

L'anglais est traité avec un peu plus d'égards, malgré l'intensité de l'*odium britannicum* cristallisé dans le souhait désormais historique : « Dieu punisse l'Angleterre »! Car, il en faudra pour le commerce. Nous avons entendu, dans la présente campagne pédagogique, des professeurs porter sur l'enseignement, sur la littérature et sur la « culture » du peuple britannique des jugements que

langues étrangères avec leurs exigences dures et peu réjouissantes, et à cause du danger pour la culture de la douce patrie allemande (*heimzart*) ». — « Au saint des saints le *Deutschtum*, avec le christianisme; tout ce qui est étranger (*das Fremdtum*) au parvis ». (*Gazette de Francfort*, 11 juin 1916 : *Das Deutschtum und die Schule*, par R. Muthesius. A noter que la rédaction de la Gazette déclare ne pas partager les vues de l'auteur). — Les journaux allemands ont naturellement enregistré et commenté les réponses faites en France à des enquêtes (*Opinion*, *Renaissance*, *Petit Journal*, etc...) sur l'opportunité ou l'inopportunité d'apprendre et d'enseigner désormais la langue allemande chez nous (*Gazette de Francfort*, 6 octobre, *de Cologne*, 7 octobre, *de Voss*, 23 novembre 1915).

l'hypnose guerrière ne suffit pas à excuser[1]. Des néophilologues savants ont exprimé les opinions les plus biscornues sur les pays dont ils ont longuement étudié la langue et la littérature, et dont ils ont goûté l'hospitalité. En vérité, les nations étrangères sont restées bien étrangères pour eux.

Le point de vue utilitaire a suggéré des propositions bizarres. A la Chambre des Seigneurs de Prusse, le représentant de l'Université de Breslau, le professeur docteur Hillebrand, a proposé de remplacer les langues des ennemis de l'Occident par celles des nouveaux amis d'Orient. Tous les collègues des autres universités prussiennes et un certain nombre de personnages de marque ont signé cette motion « qui a été bien accueillie[2] ». Dans le même sentiment, un député bavarois a rompu une lance en faveur de la langue flamande[3]. Propositions annexionnistes, dira-t-on, mais très typiques au point de vue pédagogique.

1. Voir l'étude sur la *Propagande allemande jugée par des Allemands*, dans le *Mercure de France*, du 15 février 1915.

2. *Gazette de Voss*, 25 mai 1916. Le *Vorwärts*, du 20 juin 1916 (suppl.), publie, en les approuvant, des extraits d'un article de fond de la *Rheinisch-Westfälische Zeitung*, qui caractérise cette motion de *prématurée*, d'*indiscrète* et de *dénuée de tact*.

3. *Dernières Nouvelles de Munich*, 3 février 1916 (séance de la Diète du 1er février).

Soyons juste. Le fanatisme nationaliste n'a pas aveuglé au point de leur faire brûler ce qu'ils ont adoré, tous ceux qui, en Allemagne, ont travaillé à l'amélioration de l'enseignement des langues vivantes. A cet égard, les idées du docteur Arnold Schroer, professeur d'anglais à la jeune académie commerciale de Cologne, méritent quelque attention. On y mesurera équitablement l'emprise de l'esprit national sur le jugement des experts[1].

M. Schroer demande énergiquement que désor-

1. Il les a exposées dans deux copieux feuilletons de la chauvine *Gazette de Cologne*, 26, 28, 30 juin 1915, et 31 octobre, 3 et 5 novembre 1915, sous les titres : *Die modernen Weltsprachen nach dem Weltkriege*, et *Gymnasium und Sprachunterricht nach dem Weltkrieg*. Dans la même Gazette (par exemple, le 5 août 1915), un docteur Otto Sarrazin exprime en termes violents son indignation contre ceux qui, par voie d'annonce dans un journal, osent demander « des gouvernantes parlant couramment le français ». Le *Berliner Lokal Anzeiger*, du 14 juin 1915, a rendu compte d'une conférence faite à l'*Institut central pédagogique de Berlin* par le docteur Janell. Après avoir pesé les opinions de ceux qui ne veulent maintenir aucune langue des ennemis dans les programmes secondaires, et de ceux qui demandent, au contraire, qu'on y ajoute le russe, l'italien et le japonais « pour apprendre à mieux connaître ces peuples là », le conférencier se décide lui-même pour le maintien de l'anglais seul dans les gymnases (à partir de la troisième) et dans des écoles réales.

mais les langues étrangères, anciennes ou modernes; n'aient plus le pas sur la langue maternelle. Les professeurs d'anglais et de français doivent être en même temps qualifiés pour enseigner l'allemand. Il suffira toujours et partout de n'enseigner des langues étrangères que les éléments. Si cet enseignement élémentaire est bien fait, chacun pourra se perfectionner, selon ses besoins ou son goût, c'est-à-dire comprendre à l'aide d'un dictionnaire un texte littéraire étranger ou acquérir la faculté de converser. Il n'est ni possible, ni désirable qu'un Allemand sache une langue étrangère au point de passer pour autre chose qu'un citoyen allemand. Certes, on ne saurait isoler la culture allemande des cultures anglaise et française, pas plus qu'il ne faudrait la retrancher de la culture antique. On doit et on peut communiquer des cultures étrangères ce qui est nécessaire pour mieux comprendre la culture nationale, même par un enseignement réduit, à condition qu'il soit vivant et intense, et qu'on y revienne au courant des leçons en langue maternelle, en histoire nationale, etc.... L'anglais, parlé par 500 millions d'individus, est plus important que le français, qui est la langue de 88 millions à peine. On commencera donc l'anglais au gymnase dans les classes inférieures, et on réservera le français, à titre facultatif, si l'on veut, aux classes supérieures. En général, on a exagéré l'étude des langues vivantes depuis une trentaine d'années. Les « néophilologues » ont contribué à en « dégoûter » les élèves. Heureusement pour l'Allemagne, le mouvement récent pour l'amélioration des méthodes a produit une vaste provision de professeurs excellents, de livres de classe hors ligne, de connaissances pratiques. Car, il est peu probable que les Allemands puissent aller de sitôt se perfectionner en Angleterre et en France, ou que des lecteurs ou des assistants anglais et français authentiques veuillent venir en Allemagne pour servir de « sujets d'observation ».

M. Schroer ne prêche donc pas le bannissement de l'anglais ou du français du domaine de l'enseignement secondaire, il demande leur « subordination absolue à l'enseignement de l'allemand », et « la réduction de l'enseignement aux éléments de l'instruction linguistique, en particulier dans les gymnases classiques ». La connaissance des nations étrangères et de leur civilisation lui paraît évidemment secondaire pour la culture générale de ses compatriotes.

Les philologues classiques gémissent qu'on leur « arrache le cœur » (*das Herzstück*) en réduisant sans répit le latin et le grec. Les néophilologues s'estiment mal récompensés de l'appui qu'ils ont prêté naguère aux modernes contre les « anciens » en répandant et en perfectionnant l'enseignement des langues étrangères vivantes, puisqu'on veut arrêter leur élan au moment même où l'Allemand était chez lui sur les marchés du monde. Mais, les uns et les autres sont prêts à sacrifier leurs préférences professionnelles sur l'autel de la « Kultur » nationale. On leur a persuadé que « l'enjeu suprême » de la présente guerre était cette culture glorieuse, unique et supérieure à toute autre. C'est pour elle que se battaient les « fiers » soldats de l'empereur contre les rivaux latins et anglo-saxons et contre les barbares slaves. L'école manquerait au devoir le plus sacré envers la patrie si elle hésitait, en présence des « attentats » ennemis, à faire de la langue allemande le pivot de l'instruction dans toutes les écoles. Et celles qui ont jusqu'à présent montré le plus d'indifférence à cet égard, ce sont précisément les gymnases classiques!

Au début de 1916, l'union des professeurs d'allemand (*Deutscher Germanisten Verband*) a remis au Gouvernement prussien un mémoire sur l'urgence d'une réorganisation et du renforcement de leur enseignement dans les écoles secondaires. Comme spécialistes, ils demandent que l'instruction linguistique soit pénétrée de la vie présente et passée de la patrie elle-même, au degré inférieur par des rapprochements avec le dialecte local des élèves, au degré supérieur par des retours sur le langage des siècles précédents. L'usage oral et écrit de la langue maternelle y gagnera. On éveillera chez la jeunesse l'amour et l'orgueil des richesses littéraires nationales, depuis les légendes et chants naïvement populaires jusqu'aux créations complexes de l'art poétique du moyen âge et du temps présent, par des déclamations et par des lectures dirigées de façon à laisser s'affirmer le goût individuel des élèves.

Les professeurs de langue et de littérature allemandes se défendent de vouloir causer aucun préjudice à leurs collègues de langues classiques ou modernes, en réclamant pour leur propre spécialité une place plus large dans le programme. Ils considèrent une heure de plus par semaine comme un gain « approprié et appréciable ». Le nombre d'heures consacrées à la grammaire, à la littérature et à la composition allemandes n'est pas ce qui importe le plus pour eux, puisque des professeurs habiles sauront exercer les élèves dans l'usage de la langue nationale quoi qu'ils enseignent.

Mais, les exaltés jugent la revendication des spécialistes « trop professionnelle », beaucoup trop timide et nullement en rapport avec la grandiose affirmation du *Deutschtum* dans la présente guerre et avec sa mission providentielle.

« Peut-on concevoir que l'enseignement de la langue maternelle doive se contenter de trois heures par semaine, alors qu'on accorde le même nombre aux langues des ennemis et le nombre double à des langues mortes? La méthode comparative, historique et philologique, mais voilà justement ce qui rebute les élèves! Le point de vue utilitaire doit primer tous les autres. *Non scholae, sed vitae.* A aucun moment de leur histoire, les Allemands n'ont eu, comme aujourd'hui, le devoir de cultiver et le droit de faire rayonner dans le monde leur langue, symbole glorieux de leur culture et instrument essentiel de leur puissance. Il ne saurait donc s'agir d'un peu plus de place à gagner dans les programmes des gymnases ou d'autres écoles. Une reconstruction totale de tout le système d'éducation est nécessaire, non point d'après les données des spécialistes, mais d'après les expériences les plus approfondies de la psychologie, de la pédagogie et de la politique. Tôt ou tard on sera forcé de s'y résoudre[1]. »

1. C'est la conclusion d'une critique du mémoire des professeurs d'allemand, par le professeur docteur Gramzow :

Or, les facteurs psychologiques, pédagogiques et politico-sociaux ont été mis en évidence par des milliers de « compositions de guerre » réunies à l'*exposition de guerre* du nouveau Musée pédagogique de Berlin[1].

Les écoles secondaires y sont abondamment représentées. Il y en a d'Allemagne, d'Autriche et de Hongrie. Tantôt les sujets étaient donnés par les maîtres, tantôt les élèves ont été laissés libres d'en choisir un et de le traiter à leur guise.

Les pédagogues allemands ont cru découvrir dans ces copies des « faits » intéressants. Nous craignons qu'il n'y ait aucun criterium à tirer de

Neugestaltung des deutschen Unterrichts, dans la *Gazette de Voss* du 14 juin 1916.

1. *Institut pédagogique central empereur Guillaume II*; voir ci-dessus, p. 10. En mai 1915, l'exposition comptait 7 000 copies, dans lesquelles étaient traités 1.500 « sujets de guerre » par les élèves de 151 écoles primaires (*Gazette de Voss*, 12 mai 1915). Le Directeur de l'école normale de Budapest, M. Nagy, y a envoyé des copies de 150 établissements hongrois de tout ordre (*Ibid.*, 5 août 1915). Le *Neues Wiener Journal* (21 mai et 5 juin 1915) parle d'expériences similaires faites dans les capitales austro-hongroises. Le pédagogue Plecher en a fait à Münich (*Berliner Tageblatt*, 2 juin 1915). Le docteur Kober dit des choses fort justes sur la valeur très relative des « compositions de guerre » (*Kriegsaufsätze*) et sur les conclusions très prudentes qu'il convient d'en déduire. (*Gazette de Voss*, 2 juin 1915 : *Vom Kriegsaufsatz*).

ces bavardages enfantins sur la guerre, sur ses causes, ses péripéties et ses conséquences, ni pour la méthodologie de la composition, ni pour la psychologie pédagogique, ni pour l'éducation politico-sociale. Nous voulons bien croire que l'écolier primaire dit sa pensée personnelle et vraie lorsque, à la question : « Comment te figures-tu ton avenir après la guerre »? il répond qu'il veut être cultivateur et vivre à la campagne, « parce qu'il y mangera à sa faim »; ou que cet autre est sincère qui veut entrer dans l'armée, « parce qu'en la quittant on lui donnera un emploi de tout repos »; ou, enfin, que beaucoup d'entre eux comptent apprendre un métier « pour gagner de l'argent qu'ils pourront dépenser ». Tous ces enfants du peuple expriment des sentiments curieux, quoique fortement inspirés par les conditions du moment. Mais, laisser un élève du gymnase écrire, sans ordre et sans style, de longues pages sur la stratégie de Hindenburg[1] ou sur un discours du chancelier au Reichstag, est une erreur à la fois pédagogique et psychologique. Des élucubrations de ce genre reflètent des impressions incomprises, fausses, factices. Les « programmes » (comptes-rendus annuels) des gym-

1. *Vom Kriegsaufsatz*, par le docteur Kober, loc. cit.. *La Gazette de Francfort*, 20 décembre 1915, conclut de même.

nases relatent avec complaisance les « travaux de guerre » (*Kriegsarbeit*) accomplis par ordre supérieur pour faire « participer les élèves aux grands événements », tels que célébrations des victoires (*Siegesfeiern*), conférences de guerre remplaçant les offices du matin, etc[1]. Les jeunes cerveaux ont été gavés d'impressions et d'appréciations qui dépassent leur capacité et leur compréhension.

Quant aux lectures, on reproche aux professeurs d'allemand de ne point tenir compte assez de l'initiative et du goût personnel des élèves. Ces jeunes gens, croit-on, ont plus d'intérêt à un discours vigoureux de Bismarck qu'aux plus pures tirades des classiques. C'est peut-être une présomption fallacieuse reposant sur quelques exceptions. L'Administration n'a pas moins recommandé, il y a quelques années déjà, la lecture de « pages » d'histoire, de politique et de littérature contemporaines. On s'est souvenu de ces recommandations depuis la guerre. La librairie allemande s'est montrée digne de sa réputation. En peu de mois les lectures de guerre pullulaient[2]. Voici, à titre

1. Voir ci-dessous, p. 152.

2. *Gazette de Voss*, 26 mars 1916. — Un directeur d'école s'est donné la peine de passer en revue toute la littérature scolaire provoquée par la guerre, aussi bien les exposés

d'exemple, le contenu d'un recueil[1] de ces morceaux choisis, composé à l'usage des écoles secondaires par le professeur docteur Hans Mühl. Dans la première partie, Bismarck et ses contemporains présentent eux-mêmes la politique extérieure de l'empire constitué; dans une autre, « la nouvelle Allemagne sous Guillaume II » est décrite par les grands thuriféraires de l'empereur; la dernière enfin, intitulée *La Guerre*, réunit des discours de Bethmann-Hollweg, des articles sur les causes de la conflagration, sur la culpabilité de l'Angleterre, etc., etc.

On voit dans quel esprit ces lectures doivent être « choisies » pour avoir l'agrément de l'Administration. Car, le Ministre veille. Par un arrêté du 18 mai 1915, il a mis les écoles en garde contre des recueils « hâtivement composés de morceaux d'origine *française et anglaise* », « produits de la

relatifs à la future organisation de l'école que les livres d'histoire, de géographie, d'allemand, de calcul, de religion, etc. destinés aux élèves et inspirés par la guerre. Il y en a dans le nombre de mauvais, et, dit il, « le choix doit être très minutieux pour que leur usage conduise à la « culture de la pensée patriotique » (*Gazette de Voss*, 7 juin 1915).

1. Ce recueil, très recommandé par la Presse, est intitulé *Lesebuch zur Weltpolitik* (Livre de lectures pour la politique mondiale) (à Stuttgart, chez Cotta) (*Gazette de Cologne*, 12 décembre 1915).

presse mensongère des ennemis sur l'origine et sur les péripéties de la guerre, insultes sans mesure contre l'armée allemande, contre ses chefs, contre le peuple allemand et contre la dynastie[1] ». D'autre part, le « Comité central pour la lutte contre la littérature délétère » (*Schundlitteratur*) a jugé nécessaire d'entreprendre une campagne active contre la littérature de guerre douteuse (*Kriegs-schundlitteratur*). A en croire un conférencier de ladite société, le Directeur d'école Samuleit, de Neukölln, les séries de romans de détectives — plus de *quatre-vingt-dix mille* fascicules différents — et les innombrables récits ineptes pour jeunes filles ont fait place, du jour au lendemain, à des « séries de guerre » sorties des mêmes officines. Quelques mois à peine après le début de la guerre, on en comptait près d'une *centaine*. Et les « vagues de cette boue montent sans cesse et empoisonnent le cœur de la jeunesse ». « Les pédagogues auront fort à faire pour les endiguer ». Le mal doit être sérieux, puisque les généraux commandant les régions et les tribunaux ont eu à intervenir[2].

1. *Gazette de Voss*, 9 juillet 1915.

2. *Gazette de Voss*, 26 mars 1916. Ce sont les mêmes industriels qui naguère inondaient de leurs productions équivoques les marchés étrangers ; à présent, ils exercent chez eux avec une ardeur redoublée.

Ceux qui s'imaginent que plus de liberté dans le choix des sujets de composition et de lecture augmentera l'intérêt des élèves aux classes d'allemand, s'exposent à de graves mécomptes. La transition de la tutelle, que précisément on reproche à l'école secondaire, au culte de la personnalité libre n'est pas sans danger par elle-même. Le « subjectivisme » a été dénoncé, depuis la guerre, comme un « dissolvant des plus dangereux » de la « vieille discipline allemande ».

Il est douteux, aussi, que l'Administration allemande tire un bénéfice de bon aloi, patriotique, national et civique, de l'agitation guerrière qu'elle a suscitée elle-même dans ses écoles. Elle compte y arriver par l'enseignement de l'histoire.

***

Le 2 septembre 1915 ont paru, en Prusse, des instructions nouvelles sur l'*enseignement de l'Histoire*. Après avoir ordonné, dès le début de la guerre, de choisir comme objet des leçons d'histoire les événements « grandioses » du jour[1], le

1. Rien n'a été négligé à cet effet. Les élèves ont été appelés à collaborer à toutes les œuvres de guerre, à la récolte des souscriptions pour les emprunts, des pièces d'or, des vieux cuivres. On les a menés aux « cloutages » des

Ministre a décidé définitivement que désormais l'histoire de la Prusse et de l'Allemagne des cinquante dernières années constituerait la partie capitale de l'enseignement historique dans les établissements secondaires. Le Ministre se recommande de son impérial maître. En effet, Guillaume II avait, par ses ordonnances du 1er mai 1889 et du 13 février 1890, donné gain de cause aux nationalistes, qui jugeaient plus important pour un bon Allemand de connaître le développement de la puissance germanique sous les Hohenzollern que la guerre du Péloponèse ou les campagnes d'Annibal. L'Empereur voulut que « l'on ne conduisît plus les jeunes gens des Thermopyles à Rossbach et à Vionville en passant par Cannes, mais de Gravelotte en arrière à Mantinée et aux Thermopyles en passant par Leuthen et Rossbach ». Les plans d'études de 1892 avaient été organisés en conséquence. Aujourd'hui, cette « inversion » est accomplie. Aux enfants des sixième et cinquième on fera des récits bio-

statues et symboles de guerre, aux travaux champêtres et au jardinage, aux exercices d'entraînement militaire. Toutes les écoles organisèrent des « fêtes de la victoire » (*Siegesfeiern*), auxquelles on conviait les parents. Il paraît, enfin, que les directeurs d'école ne lésinaient pas sur les jours de congé (*schulfrei*) (*Berliner Tageblatt*, 1er septembre 1915).

graphiques, afin de « rendre leurs jeunes cerveaux accessibles à l'héroïsme et à la grandeur historique ». L'histoire ancienne sera l'objet de l'enseignement en quatrième. Dans les deux troisièmes et en première année de seconde, on traitera l'histoire allemande ; en seconde supérieure et en première *B*, l'histoire universelle jusqu'à 1786 ; enfin, en première *A*, la plus récente histoire allemande. Le Ministre s'est rendu compte que cette répartition surchargera singulièrement les dernières années. Aussi laisse-t-il aux professeurs *une certaine latitude* pour organiser (entendez « rétrécir ») leurs cours sur l'histoire ancienne et sur l'histoire du moyen âge, de façon à donner la plus large place possible à l'histoire contemporaine de la Prusse et de l'Allemagne.

Venant à un moment où le sentiment national surexcité est tout entier à la lutte pour la domination allemande, l'arrêté ministériel a été assez bien reçu. Cependant, des critiques très sensées ont été formulées. Le professeur Eduard Meyer[1], titulaire de la chaire d'histoire ancienne à l'Université de Berlin, est trop bon fonctionnaire pour voir dans la nouvelle mesure administrative une diminution de sa spécialité ; il en espère, au con-

1. Dans la *Gazette de Voss*, du 10 septembre 1916 (4e suppl.).

traire, « une mise en valeur plus scientifique de l'histoire ancienne » et « l'affranchissement du gymnase classique ». « Accablé de privilèges, ce genre d'école attirait une foule d'élèves trop grande, trop mêlée : elle se « démocratisait ». Afin de remplir son prétentieux programme de « culture générale », on a été obligé d'y tout enseigner sans rien approfondir. Non seulement le niveau des études y a baissé constamment, mais toute préparation au travail scientifique personnel en vue des études universitaires etait devenue impossible. Le règlement étouffait l'individualité, la responsabilité, la vie ». On fait donc très bien, croit M. Meyer, de restreindre certaines périodes de l'Histoire et de traiter à fond l'histoire nationale. Mais, il ne faut pas oublier de montrer « le devenir de la culture allemande » par les rapports qui la relient au passé, à l'antiquité, au moyen âge, à la Renaissance, c'est-à-dire « le développement politique, qui est l'essence même de toute Histoire ». « Qu'on se garde aussi de devenir « unilatéral », comme les Anglais, en faisant de l'histoire exclusivement nationale. L'histoire de l'Allemagne ne sera bien comprise que par l'étude simultanée des grandes évolutions historiques de ses voisins. Voilà ce que le Gouvernement aurait dû faire remarquer sans souci des tendances du jour ».

Par sa propagande passionnée contre le peuple anglais[1] et par son aversion pour la démocratie, le professeur Meyer a prouvé qu'il n'entend pas enseigner l'histoire de France et d'Angleterre afin d'éveiller chez les élèves des sympathies pour ces deux nations, mais pour leur faire comprendre « comment la culture allemande s'est affirmée dans la lutte des nations entre elles ». Pour lui, les « tendances du jour » négligeables pour le Gouvernement prussien sont celles, semble-t-il, qui espèrent une future collaboration pacifique entre nations, non pas les tendances nationalistes qu'il a lui même contribué à exalter.

Le docteur Mühling[2] estime, avec beaucoup de ses collègues, qu'on aurait dû attendre jusqu'après la guerre pour procéder au remaniement de l'enseignement historique. Car, à part « le désarroi inopportun que ne manquera pas de causer l'application du nouveau règlement, il est à craindre que la surexcitation du moment n'en fausse l'esprit. On ne saurait en vouloir aux professeurs de manquer de l'objectivité si nécessaire, cependant, pour un enseignement où ils ne pour-

1. Voir *Mercure de France*, 15 février 1916, p. 577 et sv.
2. Dans le *Lokal Anzeiger de Berlin*, du 3 octobre 1915 (1er suppl.).

ront pas ne pas parler de politique, politique des partis ou politique extérieure ». Déjà en 1893, le premier *Congrès des historiens allemands*, siégeant à Munich, avait interprété les ordonnances impériales sur le même sujet dans un sens qui exclut toute tendance et tout prosélytisme de la part des professeurs. « L'enseignement historique, disait le Congrès, n'a pas pour but de préparer à la vie publique en cultivant systématiquement des opinions politiques déterminées, mais de donner aux futurs citoyens les connaissances historiques nécessaires pour les y intéresser et pour susciter chez eux le désir d'y participer ». M. Mühling fait appel « au sentiment de justice, qui fut toujours un des plus beaux monuments des Allemands! » « Les écoles doivent éduquer de bons patriotes, mais pas des chauvins. »

La libérale *Gazette de Francfort*[1], dans un article de fond, avait, elle-aussi, montré les dangers qu'il peut y avoir à enseigner la toute récente histoire nationale. « Un directeur de gymnase n'a-t-il pas interprété à ses élèves le discours prononcé par le Chancelier au Reichstag en août 1915! Il faut aux professeurs une très forte dose de tact

1. Du 2 octobre 1915.

pour que leur enseignement de l'histoire contemporaine ne dégénère pas en une éducation d'opinions politiques. Cet enseignement est aussi délicat que l'instruction religieuse. Il est impossible d'en séparer l'ingrédient politique. Or, l'appréciation personnelle du professeur peut choquer l'Administration aussi bien que les élèves. Au point de vue pédagogique, il est indispensable de laisser aux hommes sortis de l'école le soin de choisir eux-mêmes leur parti politique, après leur avoir inculqué à l'école *la tolérance, qui est l'alpha et l'oméga de toute instruction civique!* L'histoire n'ayant pas l'immuabilité des sciences exactes, des mathématiques par exemple, mais étant essentiellement problématique, sa valeur éducative consiste à montrer précisément comment les appréciations des événements peuvent différer d'un individu ou d'un peuple à l'autre, même lorsqu'il s'agit d'événements tout proches ».

La principale innovation de ce remaniement de l'enseignement historique dans les écoles secondaires de Prusse, mais aussi son danger, est donc pour les uns la liberté laissée aux professeurs et aux établissements, pour les autres l'importance « capitale » donnée à l'histoire nationale contemporaine. Il est vrai que la liberté permet la spécialisation. Les établissements classiques pourront donner plus d'importance à l'histoire ancienne, si cela leur plaît. Personne, pas même l'Administration, n'aura à se plaindre désormais de la non-observation du règlement uniforme auquel avait conduit « la démocratisation croissante, ennemie des responsabilités ». Enfin, les classes supérieures des gymnases prépareront dignement « à la liberté féconde qui règne dans les universités ». C'est aussi l'opinion de M. E. Meyer.

Cependant, il n'y a pas moins un grand danger à laisser les maîtres trop librement enseigner l'Histoire d'hier et l'Histoire d'aujourd'hui. La propagande de guerre a montré combien était fragile le sentiment de justice et d'impartialité chez les plus réputés parmi les professeurs allemands. Tous n'ont pas le même talent, ni le même tact. Ils l'ont amplement prouvé. La période après la guerre sera pour l'Allemagne une période de regroupement, de luttes politiques aigües, de discussions âpres « sur les vertus et la puissance de la race dont le triomphe aura été arrêté par la coalition jalouse et perfide des ennemis héréditaires et irréconciliables ». Pour que les Allemands eux-mêmes — témoins les collaborateurs du *Lokal Anzeiger* et de la *Gazette de Francfort* — estiment nécessaire de mettre en garde contre les déviations chauvines et le prosélytisme patriotique dès l'école, il faut qu'ils en sentent très vivement le péril. Nous sommes convaincus, de notre part, qu'il est réel, à moins que la commotion soit assez profonde pour ramener les Allemands à une appréciation plus sobre et plus équitable des autres nations. Personne ne s'en plaindrait.

*
* *

L'agitation créée autour du gymnase classique ne réussira pas à « balayer » l'institution. Celle-ci trouvera, comme naguère, des Willamowitz-Moellendorf, en 1915 « recteur de guerre » de l'Université de Berlin, pour plaider avec un éclat entraînant la cause de l'hellénisme menacé devant les corps savants et dans les assemblées mondaines. Les universités et les administrations la protégeront par « esprit de corps ». Elle demeurera l'école préférée des classes aisées et du public « bien pensant ». On fera quelques concessions de forme aux pédagogues réformistes, aux nationalistes agités et à l'opinion qui voit dans le gymnase une institution surannée, « éloignée du monde et de ses réalités, quelque chose comme un camp de prisonniers où l'on pratique, loin de la lumière du jour, le collage abrutissant[1] ». Le gymnase classique obtiendra ainsi un regain de confiance en vue d'une nouvelle prolongation de bail.

La réglementation de l'enseignement historique est le premier des sacrifices consentis au goût du moment. Elle est de celles que l'Administration prussienne pouvait accorder sans se compromettre. Elle est plus politique que pédagogique. C'est ce qui nous intéresse le plus, nous autres étrangers. Avec l'éducation militaire imposée par l'administration de la Guerre, elle contribuera à « nationaliser » l'école secondaire. Que pouvait-on demander de plus pendant que dure la guerre? Le Ministre continuera son travail de « rapiéçage » (*Flickwerk*). Il a évité l'écueil de la *Einheitsschule* (école primaire unitaire et égalitaire), en promettant de faciliter aux écoliers primaires l'accès des écoles secondaires; il n'a pas osé toucher aux « classes préparatoires » de ces établissements. Quant au reste, l'Administration se remet à l'avenir et... à ses collaborateurs.

1. Ainsi le professeur Hildebrandt, de Berlin, résume l'opinion publique, dans l'article de la *Gazette de Voss*, cité ci-dessous, p. 162, note 2.

***

En effet, un certain nombre de ses « conseillers intimes », aidés de professeurs d'universités, de directeurs et de professeurs d'écoles secondaires, — en tout vingt-trois fonctionnaires éprouvés — ont réuni en un imposant volume[1] les « possibilités » de réformes partielles sur lesquelles, un jour ou l'autre, l'accord pourra se faire entre le public et l'Administration. Ce recueil des « 23 » a été analysé et commenté sans amertume dans la presse[2]. L'ardeur des adversaires est tombée. Le Ministre a pu faire dresser le bilan du mouvement par ses

1. *Die deutsche höhere Schule nach dem Weltkriege*-Beiträge zur Frage der Weiterentwickelung des höheren Schulwesens, gesammelt von Doktor J. Nörrenberg, Geh. Oberregierungsrat (Leipzig, Teubner, 1916) (*L'école secondaire allemande après la guerre mondiale.* Contributions au développement futur de l'enseignement secondaire, etc.).

2. Par le professeur Hildebrandt (de Berlin), dans la *Gazette de Voss*, du 25 décembre 1915, sous le titre significatif : *Die künftigen Schulprobleme* (les problèmes scolaires de l'avenir), et dans la *Gazette de Cologne*, du 4 mars 1916, par le professeur Moldenhauer (de Cologne), sous le titre même de l'ouvrage. La *Gazette de Francfort*, du 12 mars 1916, annonce un recueil semblable, que publiera le pédagogue bien connu, le docteur Wychgram, conseiller scolaire de Lübeck ; on y trouvera des opinions moins officieuses.

collaborateurs directs, sans pour cela engager son département.

L'éditeur du volume, le conseiller Nörrenberg, a soin d'avertir qu'il n'a pas tracé de plan à ses collègues. Ceux-ci traitent un sujet quelconque de leur compétence et expriment leurs propres idées. Ils sont parfois en contradiction entre eux. Il n'est pas moins visible que les idées exposées sont en grande partie celles de l'Administration. Les contradictions soulignent à souhait la difficulté de contenter tout le monde et l'Etat.

En présentant son volume, l'éditeur fait appel à la « confiance du public ». Mieux que personne, il connait les causes de la méfiance générale que parents et élèves témoignent à l'école « supérieure » et à ses professeurs. Il les découvre sans ménagement : réglementation excessive, discipline tracassière, tutelle exagérée en tout et pour tout, notation mesquine des progrès, travail inutilement détaillé, etc., etc., bref, fonctionnement trop méticuleux de l'enseignement faisant perdre de vue « la culture générale et morale des élèves » et « leur éducation vers la subordination volontaire et joyeuse à la loi ».

Ce dernier point de vue est développé dans l'introduction due à la plume du conseiller Reinhardt, jadis directeur du gymnase de Francfort-sur-le-

Mein et connu par son œuvre de « réforme » des gymnases. L'école, dit M. Reinhardt, doit être l'image de la société. L'élève y fait son apprentissage de futur citoyen. En l'habituant à être libre dans les limites des nécessités de l'école, il agira dans la vie sans chercher à s'affranchir des organisations qui constituent l'Etat. Le travail dans l'école nationale allemande doit se faire en vue des institutions publiques (*staatsbewusst*)[1]. L'éducation à la vaillance physique en vue du service militaire doit marcher de pair avec l'instruction de l'esprit. L'une et l'autre seront foncièrement allemandes ».

Le « leitmotiv national » domine toutes les contributions prétendues indépendantes du recueil, même la dissertation très professorale du docteur Lisco, de Schulpforta, foyer célèbre des études classiques, sur l'efficacité unique de la grammaire latine pour l'éducation logique de l'esprit.

Le professeur Neubauer, écrivant sur « l'enseignement historique et civique[2] », ne fait que déve-

1. L'« idée d'Etat » n'existait pas en Allemagne au temps de la Réforme, qui fonda l'école publique; après les guerres napoléoniennes, on se mit à la réaliser: elle a pris corps depuis cinquante ans. Ainsi se détermine de lui-même le but de l'école allemande du présent.

2. L'article déjà cité du docteur Hahn (ci-dessus, p. 126, note 2), est consacré à la nécessité d'un enseignement civique spécial dans les écoles secondaires. Les arguments

lopper les idées directrices de l'arrêté ministériel analysé par nous plus haut[1].

Deutsch est le titre significatif par sa brièveté impérieuse de l'étude du professeur docteur Sprengel, de Francfort, sur l'enseignement de la langue maternelle dans les gymnases classiques. « Non seulement la littérature allemande du passé et du présent offre des trésors uniques et suffisants pour l'éducation de l'esprit national, mais l'art allemand, aussi, est assez riche pour qu'on se passe, désormais, des modèles étrangers, depuis la France, jusqu'au Japon[2]. »

La question des langues vivantes étrangères est traitée par le conseiller Engwer, qui connaît et apprécie la France, et par le professeur d'anglais Morsbach, de l'Université de Göttingen, dont le jugement sur la valeur de la langue et de la civilisation anglaises n'a pas été obscurci, semble-t-il, par l'anglophobie grotesque des masses allemandes. L'un et l'autre essayent de détourner leurs compatriotes de la lutte inconsidérée et stérile contre les civilisations au milieu desquelles l'Allemagne a

du docteur Hahn sont d'un bas nationalisme. Le manque d'esprit « politique » a été constaté par beaucoup d'auteurs allemands dès la première année de la guerre.

1. Voir ci-dessus, p. 152 et suiv.

2. Voir ci-dessus, p. 138, note.

toujours vécu et devra continuer à vivre, dont elle a tiré et tirera encore de précieux bénéfices. Par contre, ils les convient, pour leur propre dignité, à se corriger « de la manie de tout singer qui vient de dehors, uniquement parce que c'est étranger ». « Le meilleur moyen de résister à l'ascendant du voisin, est d'abord de bien connaître ce voisin, ensuite de se guérir soi-même de sa propre paresse ou incapacité de réagir ». Nationalisme raisonnable et, à coup sûr, acceptable pour tout gouvernement conscient de ses devoirs et soucieux des intérêts du pays.

Peut-être n'est-ce pas sans l'intention de faire entendre un avertissement à certains milieux cléricaux de la Cour, connus pour leur intransigeance et pour leur agitation nationaliste surtout depuis la guerre, que le conseiller Nörrenberg a confié au docteur Rauschen, de la Faculté de théologie catholique de Bonn, le chapitre sur les « professeurs de religion catholique et l'éducation religieuse ». « L'instruction religieuse doit, elle aussi, contribuer au développement du sentiment national, en concentrant l'attention de la jeunesse sur l'église allemande, sur ses particularités cultuelles, sur ses saints et ses théologiens, sur ses ordres et ses congrégations. Mais, elle doit surtout enseigner la tolérance. »

Naturellement, l'éducation en vue de la vaillance et du service armé (*Wehrhaftmachung*) occupe une large place dans l'ouvrage collectif du conseiller Nörrenberg. La nation en a accepté l'institution des mains de l'autorité militaire. « Les écoles secondaires non seulement doivent se laver du reproche d'avoir négligé l'éducation physique, mais elles doivent en créer le modèle, bien allemand par le caractère, par les méthodes, par l'ampleur et par la pratique sérieuse et scientifique ».

« La biologie et l'hygiène » sont recommandées par le docteur V. R. Haustein (de Berlin), pour remplacer l'enseignement théorique des sciences naturelles dans le programme des écoles secondaires dès la classe de sixième, et pour servir d'introduction à l'éducation pour la vaillance physique de la race.

« La gymnastique et les jeux allemands — rien des sports anglais! — seront enseignés par des professeurs agrégés, qui auront tous à acquérir à l'université la *facultas docendi* ès-exercices physiques ». Tel est le rêve d'avenir formulé par le docteur Neuendorff, directeur d'école réale supérieure à Mülheim a. d. R, dans la conclusion de son importante contribution sur l'éducation physique des jeunes Allemands de demain.

Et puisque l'opinion publique avait accusé les

professeurs d'être des « innocents » en pédagogie, un directeur du gymnase de Düsseldorf a écrit pour le volume du conseiller Nörrenberg un traité spécial sur « la préparation et le perfectionnement des professeurs de l'enseignement secondaire ».

On le voit, les conseillers du Ministre et leurs collaborateurs vont franchement au devant des desiderata suggérés par la guerre à l'opinion et aux pédagogues. Un traité sur « l'importance des internats de garçons (*Knabenalumnate*) pour les nouveaux problèmes pédagogiques », du docteur Borbein est caractéristique à cet égard. Les internats ne sont pas populaires en Prusse. Les rares établissements secondaires qui se chargent à la fois de la vie et de l'instruction des élèves, sont de fondation ancienne; ils jouissent d'une réputation excellente, pédagogique et sociale. L'idée en a été reprise avec une certaine insistance depuis la guerre. Pour remplacer « l'élite » disparue dans la tourmente, il est nécessaire de faire une « sélection » parmi les enfants pauvres et les orphelins de guerre, et de faciliter aux « bien doués » l'ascension aux carrières et aux études (*Aufstieg der Begabten*[1].) Or, mieux que l'école primaire publique, unitaire et égalitaire (*Einheitsschule*), raccordée aux écoles

1. Voir ci-dessus, chap. IV, p. 108 et suiv.

secondaires, les « alumnats » serviront de pépinières de fonctionnaires, de savants, d'officiers. Il est assez piquant, répétons-le, de voir l'Allemagne prussienne revenir à une idée qui se glorifie du patronage de la Révolution française. Car, ce n'est pas une démocratie délivrée qui juge de son devoir de prendre soin elle-même des forces latentes du peuple, mais un gouvernement de caste préoccupé d'assurer son avenir.

***

En résumé, l'Administration prussienne demande qu'on lui fasse crédit[1]. Elle n'abolira pas le gymnase classique. « Qu'on n'exige donc pas qu'elle efface du programme certains enseignements qui donnent à ce genre d'école sa valeur idéale et son caractère supérieur ».

En échange, elle fera du gymnase une école vraiment nationale, une pépinière de citoyens de l'Etat allemand, également aptes à le défendre les armes à la main, à l'administrer, à travailler à sa

1. Elle en a d'autant plus besoin qu'elle aura, après la guerre, des soucis plus pressants. C'est ce que cherche à faire comprendre aux réformistes trop zélés Paul Harms dans le *Berliner Tageblatt*, du 25 janvier 1916.

puissance matérielle et à sa gloire morale et scientifique ».

Belles promesses, sans doute, pour un gouvernement prussien, mais combien susceptibles de continuer dans l'Allemagne de demain, vaincue et épuisée, le nationalisme outrecuidant qui l'a conduite à la présente catastrophe. La Prusse et Bismarck ont tracé cette voie au peuple allemand. Constantin Frantz en a montré les écueils, dès 1882, pour la politique intérieure et extérieure de l'empire[1]. Le professeur F.-W. Foerster, de l'Université de Munich, a été désavoué publiquement pour en avoir dénoncé avec force, depuis la guerre, les conséquences funestes pour la pédagogie et pour l'avenir de la race allemande. Le poète autrichien Grillparzer en avait prédit l'aboutissement en cette formule tragique : « De l'humanité par la nationalité à la bestialité[2] ».

Il a plu aux Allemands de soulever contre leur nationalisme agressif le *sacro egoïsmo* des nations européennes. Des voix se sont fait entendre dans leur Presse en faveur d'un « retour » (*Umkehr*) et d'une « orientation nouvelle » (*Neuo-*

1. *Deutsche Weltpolitik* (politique mondiale allemande) [Chemnitz, 1882].

2. *Von der Humanität durch die Nationalität zur Bestialität.*

rientirung). L'Allemagne s'y résoudra-t-elle? Plus que le christianisme, l'antiquité grecque semblait offrir un terrain d'entente entre nations, puisque c'est d'elle qu'est issue la civilisation à toutes[1]. Les attaques récentes contre les humanités classiques et les premiers résultats officiels et officieux font mal augurer du « futur humanisme » de l'Allemagne de demain. Continuons à observer ses écoles et l'enseignement qui y est donné. Sa pédagogie sera un baromètre sûr de sa politique.

1. En juin 1916, le président de l'Académie des sciences de Hongrie, de Berzeviczy, a fait une conférence à « l'Union viennoise des Amis du gymnase classique d'Autriche » sur le sujet « L'Humanisme et la guerre mondiale ». Ce sera la mission des humanités, notamment des humanités grecques, de rapprocher de nouveau les nations civilisées après la guerre ». *Gazette de Voss*, 13 juin 1916.

VI

LE ROLE POLITIQUE DES UNIVERSITÉS

VI

LE ROLE POLITIQUE DES UNIVERSITÉS

A la fin de juillet 1914, pendant que la foule exaltée attendait sous les Tilleuls le geste fatal du « seigneur suprême de la guerre », les professeurs de l'Université de Berlin étaient réunis pour désigner un nouveau recteur. Eux aussi s'impatientaient. Mais, c'était d'apprendre que Guillaume II n'avait pas reculé, au dernier moment, devant les conséquences de sa décision. Ils connaissaient le tempérament impulsif et timoré du maître.

La clameur populaire du dehors vint les rassurer. C'était l'appel aux armes. « Le feu de l'enthousiasme », dit un témoin[1], se communiqua alors au docte conclave. Les plus anciens, ceux qui avaient vu 1870 et même 1866, n'étaient pas les

1. *Gazette de Voss*, 28 juillet 1915.

moins enflammés. « L'Université de Berlin vécut des instants qu'on citera avec orgueil à côté des journées mémorables des guerres de libération ».

Les professeurs allemands ne se lassent pas de comparer 1914 à 1813. Pour donner une idée de l'empressement des volontaires de 1914 courant aux armées, ils rappellent comment Niebuhr avait décrit la ruée contre Napoléon. L'historien l'avait mesurée « aux foules qui se pressent vers les boulangeries en temps de famine ». L'image ne pouvait manquer d'impressionner ceux qui assistaient journellement aux « polonaises[1] » dansées par les foules de Berlin, en 1915, devant les boutiques pour avoir des vivres. Il y a des années qu'on s'entêtait, dans les universités surtout, à remémorer la « glorieuse » période de la libération. C'était de l'histoire plus avouable que le coup de la dépêche d'Ems, et son romantisme se prêtait à la mise en scène patriotique qui se machinait partout en vue de l'ascension de l'Allemagne à la domination « mondiale ». Cependant, l'Allemagne du XXe siècle, unie et libre, riche et puissante, ne rappellait en rien l'Allemagne terrassée

1. Le terme a été trouvé par les journaux de Berlin, pour désigner les mouvements des foules faisant queue devant les boutiques des marchands de victuailles.

par Napoléon. L'empire ressuscité ne connaissait d'autres entraves que la résistance des nations libres à se laisser dominer. On dit Guillaume II aussi irrésolu, aussi amoureux de la paix que l'était son ancêtre un siècle plus tôt. Mais, tandis que l'Histoire impartiale a fait un mérite au patriotisme des Fichte, des Bœckh et de leurs collègues d'avoir aidé Frédéric Guillaume III à secouer les énergies découragées par l'humiliation, elle jugera sévèrement leurs épigones, qui ont poussé un monarque faible dans l'aventure politique après avoir laissé étouffer dans les prisons prussiennes les élans du peuple allemand vers l'émancipation libérale et pacifique.

Bismarck a rivé les derniers anneaux de la chaîne qui a asservi les universités allemandes à la politique des Hohenzollern. Elles ont déployé, depuis 1870, une action politique intense[1], pour consolider et agrandir un empire qu'elles savaient issu d'un coup de force et soutenable seulement par d'autres coups de force. Sans doute,

1. *Staatsbewusste nationale Stimmungsmache.* Les journaux emploient un terme qui conviendrait mieux : *Brunnenvergiftung*, « empoisonnement des puits, » pour désigner l'action de troubler les sources des idées et d'exciter l'opinion par le « bourrage de crânes » et par des conceptions tendancieuses.

leur activité scientifique a permis de forger des engins de guerre inédits et barbares. Mais, leur principal méfait est d'avoir façonné, avec science et méthode, la mentalité stupéfiante des « chiffons de papier » et d'avoir renversé[1] chez tout un peuple les notions élémentaires sur lesquelles a été édifiée la société moderne. Les universités allemandes ont employé au service de Bismarck et de Moltke toutes leurs ressources à préparer l'assaut violent du germanisme contre le monde latin, anglo-saxon et slave. La superstition dangereuse du *Deutschland über alles in der Welt* est l'œuvre de leurs professeurs. La coterie militariste en avait besoin pour rester maîtresse du gouvernement et pour entraîner le peuple à la curée sanglante. L'effet produit, en juillet 1914, par l'imposture officielle de « la patrie attaquée » a été leur premier « triomphe de guerre ».

***

Il s'est trouvé, en octobre 1914, quatre-vingt-treize intellectuels, la plupart des professeurs d'univer-

1. Des universitaires réputés ont disserté sur ces renversements des valeurs traditionnelles : *Umwertung der Werte, Umlernen*, etc., bien entendu, dans un sens « d'un progrès ».

sité, pour lancer à la face du monde civilisé ce mensonge formidable :

Il n'est pas vrai que l'Allemagne soit cause de cette guerre. Ni le peuple, ni le gouvernement, ni l'empereur ne l'ont voulue. Du côté allemand, on a fait l'impossible pour l'éviter. Le monde en a les preuves authentiques. Combien de fois Guillaume II n'a-t-il pas prouvé, pendant les vingt-six années de son règne, qu'il était le protecteur de la paix mondiale? Nos adversaires l'ont assez souvent reconnu eux mêmes. En vérité, ce même empereur, qu'ils osent à présent traiter d'Attila, a été depuis des lustres l'objet de leurs railleries à cause de son amour inébranlable pour la paix. C'est seulement lorsqu'une force supérieure, depuis longtemps à l'affût sur nos frontières, s'est ruée de trois côtés sur lui, que notre peuple s'est levé comme un seul homme.

Peu importe qu'il y ait dans le nombre des signataires des seigneurs de moindre importance; que l'adhésion de certains d'entre eux ait été surprise; que la honte soit montée à d'autres! Le monde connait l'autorité grande des Harnack[1], des Willa-

1. Si le théologien, l'Excellence von Harnack, d'origine balte comme Kant qu'il invoque, n'est pas l'auteur unique du manifeste, il y a, semble-t-il, collaboré. Le ton en est assez pastoral vers la fin.

mowitz-Mœllendorf, d'une douzaine d'autres, comme eux professeurs célèbres et courtisans notoires. Il a compris, par le langage même des coryphées, que les signataires parlaient au nom de toute leur caste, et que l'abdication sans réserve de la science allemande devant la politique du Gouvernement et devant la camarilla militaire était définitive.

La science allemande est désormais suspecte. L'idéalisme humanitaire que les répressions brutales au courant du XIXe siècle, notamment en 1848, avaient rendu sympathique, est « désappris ». « L'objectivité », la « discipline inexorable des méthodes scientifiques », la « probité » sont moins que jamais le monopole de la science d'Outre-Rhin. Prisonnière d'un *credo* plus orgueilleux que la foi chrétienne, elle s'est faite aussi cruelle que l'a été celle-ci dans ses accès d'orthodoxie les plus aigus. Le peuple allemand est « élu » par le « vieux Dieu allemand » pour répandre, de gré ou de force, l'évangile de sa « Kultur ». Sa mission est de sauver, par ses vertus physiques, intellectuelles et morales, l'Europe et le monde de la décrépitude des civilisations anciennes et de la préserver des périls menaçants du slavisme et des asiatiques.

« Croyez-nous », criaient les quatre-vingt-treize à leurs collègues hésitants et au monde stupéfait,

« nous vous en répondons de notre nom et de notre honneur ».

L'Allemagne a cru. Elle a saisi le glaive qu'on lui avait préparé pour la croisade de sang. Le monde a rejeté l'imposture.

***

Déjà vers la mi-juillet, une agitation de mauvais augure régnait dans les salles de cours de l'Université de Berlin. Les étudiants paraissaient fixés. Dans les couloirs, la question qu'ils se posaient en s'abordant, n'était déjà plus « Prendras-tu du service »? mais « Où rejoindras-tu »?

A l'autre bout de l'empire, à Tubingue, la paisible université souabe, chère aux théologiens, les maisons d'étudiants retentissaient, depuis l'ultimatum autrichien, de chants guerriers du temps de la libération. Le 26, des camarades autrichiens reçurent l'ordre de rappel télégraphique. Les manifestations tumultueuses en faveur de la guerre descendirent alors dans la rue, devant les domiciles du recteur, du bourgmestre et du commandant d'armes. Le tapage diurne et nocturne fut tel que les « philistins, » qui « espéraient » encore, durent prier les autorités de mettre fin à tant de débordements patriotiques.

Étudiants et professeurs étaient en avance sur les civils. Les « intellectuels » n'ont pas été surpris par les événements puisqu'ils les appelaient de leurs vœux. Il leur sera à jamais interdit d'invoquer l'excuse du patriotisme désespéré : *right or wrong, my country!* Tout a été tenté par eux pour empêcher les ambitions germaniques de « s'embourber dans les palabres de paix ». Ils n'attendaient que le signal. « Des milieux très étendus ont salué le crime de Sarajevo comme le prétexte envoyé par Dieu[1]. »

Certains universitaires de marque que Guillaume II recevait à sa table, ont su mettre à profit les observations faites sur leur hôte dans l'intimité. Ils le connaissaient inconsistant, prompt à des coups d'éclat, tel le voyage du Tanger, mais reculant aussitôt devant les suites possibles de son acte impulsif. Ils morigénaient son « inébranlable amour de la paix », non pas seulement par des pamphlets plus ou moins anonymes ou en accusant les caricaturistes étrangers de le « tourner en ridicule », mais surtout en exagérant les menaces, intérieures et extérieures, qui en résultaient, selon eux, pour l'avenir de l'empire. Leurs démons-

1. Liebknecht, à la tribune de la Chambre prussienne, le 16 mars 1915.

trations scientifiques (*kulturhistorische Untersuchungen*) sur l'authentique mission culturelle de la race allemande nourrissaient la mégalomanie innée de Guillaume II et lui traçaient son devoir.

N'étaient-ils pas aussi les alliés naturels de l'armée, dont les aspirations se confondaient avec les leurs, et avec laquelle ils ont toujours collaboré à l'unification des pays allemands « pour l'empereur et pour l'empire » (*für Kaiser und Reich*)?

Les esprits de « l'élite » étaient aussi prêts que l'était l'organisation militaire. Le spectre de l'empire menacé est issu des cerveaux des mêmes doctrinaires qui ont conçu et prôné « l'inévitable » expansion du *Deutschtum*. En signant « de bonne foi », comme ils essayent de faire accroire maintenant, l'appel à la défense de « la patrie attaquée », ils se sont révélés les complices d'un traditionnel expédient politique, destiné à entraîner les « philistins » et le populaire et, plus encore, à permettre l'exploitation implacable de la victoire escomptée.

***

On s'était habitué à ne voir dans les universités allemandes que l' *universitas litterarum et scien-*

tiarum, où des maîtres et des élèves studieux amassaient, avec un soin pédant, les moindres éléments susceptibles d'étendre le savoir humain. On prenait modèle sur leurs moyens d'action, abondants et perfectionnés, et on vantait l'indépendance de pensée et de parole, la liberté de recherche et d'enseignement des professeurs. Mais, on n'a pas été suffisamment attentif à l'union intime qui existe entre les universités, d'une part, et les pouvoirs publics, à commencer par le chef d'Etat, et les classes dirigeantes, de l'autre. On a méconnu trop souvent l'influence prépondérante prise par l'Université de Berlin, surtout depuis 1870, sur celles des Etats confédérés.

En mettant la main sur les écoles primaires et secondaires, les Hohenzollern n'ont pas entendu laisser leurs universités vivre en républiques. Ils leur donnèrent leurs noms et leur patronage. Mécènes pauvres, ils leur assurèrent, avec des honneurs de toutes sortes, les largesses des finances publiques. Sans négliger la force morale de l'Eglise, — pour l'avoir tenté Bismarck a dû aller à Canossa — ils ont rendu plus grande celle des universités. Aussi seront-elles plus dociles pour justifier la politique du prince, plus nationales pour la préparer que l'a été l'église catholique à certaines époques.

Le roi est le grand maître effectif de ses universités. Il tient à n'y voir enseigner que de « bons esprits ». La liberté des collèges professoraux de s'agréger des confrères de leur choix, s'arrête à la sanction royale. Bismarck leur a imposé des nominations contre lesquelles les protestations les plus indignées sont restées impuissantes. Avant lui, les gouvernements prussiens ne se sont point gênés pour envoyer en prison des maîtres du haut enseignement qui se croyaient libres, de par leurs fonctions, de professer des opinions contraires à celles du pouvoir.

Sous réserve de cette soumission à l'empereur, au roi et au Gouvernement, les universités sont libres et choyées. Les considérations financières ne sont jamais un obstacle, lorsqu'il s'agit de gagner un spécialiste célèbre en lui offrant le traitement qu'il désire, de dédoubler des cours, d'enrichir bibliothèques et collections, de multiplier les laboratoires. Là est le secret des innombrables et rapides applications scientifiques, dont l'armée profite autant que l'industrie, et de la publicité extravagante qui a propagé et exalté le *Deutschtum* à l'intérieur et par-delà les frontières.

***

Les gouvernants de Berlin n'ont jamais fait un secret de la mission politique de leurs universités.

Après Iéna, le trésor prussien étant vide et le pays épuisé, Frédéric Guillaume III ne fonda pas moins deux universités, celle de Berlin en 1810 et celle de Breslau[1] un an après. Fichte seul aurait suffi pour justifier la fondation de Berlin. L'influence de Breslau sur la politique russe et autrichienne de la Prusse a abouti à l'œuvre que doivent achever, aujourd'hui, les armées sur le front oriental.

Bismarck créa l'Université de Strasbourg avant même d'avoir donné une constitution aux pays annexés. Il la plaça sous le vocable de l'empereur. Il la voulut grandiose et imposante. Les sommités de la science allemande y furent envoyées moyennant des traitements qui auraient séduit les moins patriotes. En face, il érigera le « burg » impérial, et à proximité, le Parlement. Et quand au *Landesausschuss*, le 14 juin 1876, les députés alsaciens oseront, très humblement, exprimer leurs inquiétudes au sujet des dépenses qu'imposaient au pauvre budget local la construction et l'entretien

1. Par la fusion d'une ancienne fondation (1701) avec celle de Francfort-sur-l'Oder.

des palais universitaires, on leur répondra du banc du Gouvernement : « L'Université n'a pas été fondée pour l'Alsace-Lorraine, mais dans l'intérêt de l'empire. » Cela fut dit, d'ailleurs, dans la charte de fondation et répété avec emphase *inter pocula* aux solennités d'inauguration, en présence des plus hautes personnalités de l'empire. Le petit peuple d'Alsace-Lorraine a résisté à la germanisation à grand orchestre, malgré ou plutôt à cause du zèle des apôtres universitaires. Le Statthalter, à Strasbourg, et le gouvernement central, à Berlin, auraient pu se dispenser d'appeler en consultation les juristes de l'Université et d'écouter les philologues, historiens et théologiens, lesquels établirent, avec un grand renfort de documents anciens, la meilleure manière de s'aliéner les populations autochtones. L'Université politique de Strasbourg a été un échec lamentable pour les Allemands, à moins qu'ils n'y voient un succès en ce qu'elle a maintenu vivante leur propre haine contre l'ennemi héréditaire de l'Ouest.

La veille de son départ pour le front, le 14 août 1914, Guillaume II a tenu à faire signer les décrets nommant les professeurs de la dernière venue parmi les universités allemandes, celle de Francfort-sur-le-Mein.

Les bourgeois de l'ancienne ville libre, patriciens de la finance, du commerce et de l'industrie locaux, avaient eu l'inspiration civique d'assurer à leur cité la prospérité à laquelle eux-mêmes devaient la richesse. Avec le superflu de leurs fortunes, ils avaient fondé des institutions que partout on citait comme des modèles du genre, la bibliothèque Rothschild, les cliniques et laboratoires où travaillait Ehrlich, l'Académie des sciences économiques et commerciales, etc. L'existence indépendante et régionale ne semble pas avoir entravé le développement de ces fondations. Mais, l'esprit centralisateur des Allemands d'empire ne saurait tolérer ce qui rappelle le particularisme d'antan, encore moins l'individualisme à l'anglaise ou à l'américaine. Aussi un bourgmestre politicien conçut-il le projet de grouper les organes épars en une université, soi-disant pour les renforcer en les unissant, pour leur donner les compléments indispensables, enfin, « pour la plus grande gloire de la ville », en vérité pour ouvrir les institutions francfortoises aux influences des autres universités allemandes. Les fêtes de l'ouverture solennelle ont été renvoyées après la guerre, afin de permettre à l'empereur de venir consacrer en personne ce nouveau foyer de science au service de l'empire et de la dynastie des Hohenzollern.

Les armées allemandes avaient à peine occupé la Belgique et la Pologne que les gouverneurs militaires se préoccupèrent, von Bissing de rouvrir l'Université de Gand, von Beseler de réorganiser celle de Varsovie. L'occupation se prolongeant, hélas! les lieutenants de Guillaume II ont pu donner aux ordres de Berlin un commencement d'exécution. Les moyens qu'ils ont employés pour y intéresser la portion intelligente des populations envahies, allant des promesses hypocrites jusqu'à la contrainte violente[1], prouvent péremptoirement qu'une université selon la conception allemande n'est qu'un instrument politique d'asservissement et de domination.

***

L'Université de Berlin, casernée en face du palais du roi, est la garde intellectuelle de la maison des Hohenzollern, avait déclaré le professeur du Bois-Reymond, de Berlin, dans un discours, le 5 août 1870. Cette garde, Bismarck et, après lui, Guillaume II l'ont répartie dans toutes les universités de l'empire — et même au delà. L'échange

1. Pour ces procédés bien allemands, l'expression qui ne l'est pas moins, est : *Zucker und Peitsche* (sucre et cravache).

de professeurs et d'étudiants, que les universites de langue et de constitution allemandes continuent à pratiquer entre elles par-dessus les frontières politiques, a facilité cette expansion.

Aucun pays du monde n'a su réaliser le « rayonnement » universitaire avec autant de système et de méthode. Le centre est à Berlin. Les professeurs honorés des titres d'excellences, de conseillers intimes du Gouvernement, ordinaires et supérieurs, admis à la cour et influents dans la haute administration, donnent le ton à leurs collègues de Leipzig, de Munich, de Tubingue, de Heidelberg. Dans le domaine universitaire, le particularisme allemand — ce cauchemar de Bismarck — a cessé d'exister.

L'influence des professeurs de l'empire se fait sentir en Autriche, dans la Suisse allemande, et au delà, à travers les Balkans, jusqu'à Constantinople. Le vasselage austro-hongrois est complet, aujourd'hui, grâce aux défenseurs qu'il a trouvés dans les chaires universitaires de la Double-Monarchie. Toute une équipe de docteurs allemands travaillent, depuis la guerre, à l'organisation de l'Université de Constantinople.

Parallèlement à cette expansion, les universités allemandes accroissent leurs forces par la concentration de leur activité. On observe, en ce moment-ci, en Allemagne, une tendance à incorporer dans les universités proprement dites les écoles supérieures spéciales d'application (*Hochschulen*) : écoles techniques, écoles des mines, écoles forestières et agricoles, écoles vétérinaires, écoles de commerce, instituts coloniaux, de médecine tropicale, d'architecture navale, etc., etc. Naguère ces établissements étaient considérés par les universitaires avec un certain dédain. Mais, depuis que l'accès de ces écoles est subordonné à la possession du certificat de maturité d'une école secondaire et qu'elles ont obtenu le droit de conférer le doctorat, il s'est opéré un rapprochement très marqué. Déjà avant la guerre, certaines universités, Berlin et Leipzig, par exemple, se sont agrégé les écoles supérieures de la province ou du pays, même lorsqu'elles sont situées en dehors du siège de l'université. Cette coordination se recommande pour des raisons pédagogiques et administratives. Les universités renforcent leurs enseignements théoriques des sciences pures par des instituts d'applications pratiques, en même temps que les établissements techniques complètent la pratique par des enseignements théoriques généraux.

Mais, l'Allemagne ne centralise pas ses hautes écoles par mesure d'économie et pour éviter des doubles emplois, elle le fait pour en augmenter le rendement et pour les avoir bien en main en cas de besoin[1]. Les services rendus par les écoles pratiques dans la présente guerre sont exploités en faveur de cette concentration[2]. On y voit la principale source de la puissance ultérieure de l'empire, solidement centralisé lui-même. Les Facultés des sciences naturelles, avec leurs annexes de laboratoires, d'instituts de recherches[3] et d'écoles pratiques, fourniront *la force instrumentale*. Aux Facultés des sciences philosophiques et historiques on joindra des instituts similaires[4], afin de ne pas laisser déchoir *la force intellectuelle et morale*. Les deux forces se complètent, elles agissent l'une par l'autre : c'est la « Kultur ».

Ainsi s'accomplit le souhait du trop fameux professeur Lamprecht, de Leipzig, l'historien de Guillaume II et le prophète du pangermanisme, que

1. *Unsere Hochschulen und die Anforderungen des 20. Jahrhunderts*, par le professeur Riedler (1898).

2. *Zusammenfassung des Hochschulbetriebs*, par le docteur E. Uetrecht. *Tägliche Rundschau*, 28 septembre 1916.

3. Des instituts extra-universitaires, tels que la « fondation empereur Guillaume » et les offices impériaux des grandes industries, trouverónt place dans ce cadre.

4. Par exemple, les douze instituts des sciences historiques, philologiques, géographiques, etc., etc, créés à Leipzig par Lamprecht.

les universités s'appliquent à s'orienter plus rapidement vers le but nouveau, inévitable, parce que inhérent à la culture allemande.

De cette « Kultur » les universités sont les usines. La direction est confiée aux professeurs. Tout ce qu'ils y font et produisent en une liberté apparente, ils le font et produisent pour l'Etat, leur patron. La « Kultur » profite à l'individu, mais il est entendu que c'est par l'intermédiaire de l'Etat. Elle n'a rien de démocratique. L'individu est « matière humaine qu'il faut pétrir à fond » (*durchkneten*). « Trop longtemps, l'Allemand abandonné à lui-même, individualiste et idéaliste, est resté le Michel méprisé, en dépit de son rôle dans l'Histoire et dans la civilisation de l'Europe; il faut qu'il ait sa place au soleil, qu'on le respecte partout où il lui plaît d'aller, et qu'il puisse parler haut. Car, il en a le droit de par sa « Kultur ». Il en aura aussi la force et les moyens de par la même « Kultur », puisqu'elle lui apprend à se soumettre sans réserve, « joyeusement, » à la discipline et à l'ordre que l'Etat a établis dans le but d'être fort pour lui, grâce à l'armée ».

L'armée est l'argument suprême de la « Kultur », telle que cherchent à la propager les universités allemandes. La science, qui est l'essence de toute culture quelle qu'elle soit, s'interdit à elle-même toute autre voie d'expansion en se nationalisant au service du prince.

Pétrir la matière humaine d'une force instrumentale et scientifiquement exacte, qui a, cependant, en elle-même son mouvement et sa vie propre, telle que la représente notre armée à un degré de suprême perfection, voilà ce qui a pu être obtenu par la collaboration dirigeante de la science allemande, laquelle a inoculé au corps entier de la nation le vaccin stimulant d'une conscience d'elle-même plus accentuée et plus nette[1].

Les semences que les universités allemandes ont entourées de tant de soins, se sont levées splendides dans cette guerre. Le vieil esprit de l'amour de la patrie du temps des guerres de libération y a toujours été cultivé depuis lors, on le sait. Dans la conduite de la guerre d'aujourd'hui, la technique militaire moderne se joint à cet esprit, à cette conscience de nous-mêmes, à cette force d'action : elle est la mobilisation de toute la science[2].

1. *Gazette de Voss*, 12 juillet 1915 : *Deutschlands Hochschulen im Kriege*, par le docteur Franz Servaes, collaborateur de la *Gazette de Voss*, laquelle est l'organe attitré du haut professorat.

2. Le docteur E. Uetrecht, au début de l'article déjà cité de la *Tägliche Rundschau*.

Voilà deux appréciations du travail accompli par les universités allemandes. Elles sont toutes deux basées sur les expériences de la guerre. La première a été formulée, en juillet 1915, par un universitaire pour les lecteurs de la libérale *Gazette de Voss*. La seconde émane également d'un universitaire, lequel s'adresse, en septembre 1916, au public nationaliste orthodoxe de la *Tägliche Rundschau*. On les dirait sorties de la même plume.

Les universités sont fières d'avoir fourni à l'armée « la force instrumentale scientifiquement exacte » « à un degré de suprême perfection ». Les gros canons, les sous-marins et les croiseurs aériens sont, à coup sûr, des merveilles scientifiques dignes d'admiration. Mais, l'esprit patriotique allemand s'est irrémédiablement compromis en compagnie « d'une technique militaire moderne » qui a recours à la lâcheté diabolique des gaz asphyxiants et des liquides enflammés. Ces moyens-là ne s'improvisent pas. Pour les employer de propos délibéré, sans nécessité aucune et contrairement à la parole donnée, l'autre préparation, la préparation intellectuelle et morale, a dû marcher de pair avec les préparatifs instrumentaux. La « Kultur » forme un tout homogène.

On frémit en pensant combien la concentration de tout l'enseignement supérieur permettra d'intensifier le dressage d'esprits cultivés en vue des fins égoïstes d'un gouvernement irresponsable.

La « matière humaine à pétrir », les universités et les écoles supérieures spéciales la prennent dans l'élite de la nation. Elles préparent à la haute et moyenne administration, à la magistrature, au professorat secondaire, au sacerdoce, aux carrières libérales et aux postes importants du commerce et de l'industrie.

Rares sont les jeunes gens qui, à leur arrivée à l'université, ne se laissent pas enrôler dans une des nombreuses associations qui, reliées entre elles d'université à université, forment comme un vaste cartel maçonnique. Du recrutement régional, il reste à peine le souvenir dans le nom et la devise inscrits sur les bannières des plus anciennes. L'esprit particulariste de jadis a disparu chez la jeunesse des universités. Cependant, les groupements se distinguent, à l'image de la société tout entière, par la situation sociale ou par les occupations de leurs affiliés. Il y en a qui ne reçoivent que les fils de la noblesse; il y en a pour les riches et pour les bourgeois; il y en a de studieuses, de confessionnelles, mais point d'ouvertement politiques. Dans toutes se nouent des camaraderies pour la vie. Et par-dessus toutes flotte « le vieil amour de la patrie du temps des guerres de la libération ». Les jeunes, ceux qui sont au début de leur curriculum et qui, sachant la première année perdue de toute façon pour leurs études, font leur année de service militaire, entretiennent l'enthousiasme. Les « anciens » qui ont fait leur chemin dans la vie, viennent de temps en temps boire avec leurs jeunes « frères », les assurer de leur solidarité, mais aussi leur rappeler que la patrie compte sur eux. Bismarck et l'empereur n'ont pas failli à cette tradition. Jamais un « ancien » n'a renié sa « couleur ». Les jeunes, de leur côté, les membres « actifs », n'oublient pas leurs membres honoraires. Que dans ces associations se forme un esprit civique ou politique proprement dit, on ne saurait le prétendre. Mais, l'esprit patriotique et national, voire nationaliste, et le loyalisme discipliné et sans réserve y trouvent leur compte.

C'est tout ce que le Gouvernement désire. Ses adversaires les plus cultivés n'ont jamais été, pour cela, les plus redoutables. Bismarck a eu raison de Windthorst, qui lui était supérieur, de l'aveu de beaucoup d'Allemands, comme homme politique. En 1914, les socialistes « docteurs » ont été les premiers à faire litière de leurs principes, et à entraîner leur parti d'irréductible opposition à la suite d'un empereur et d'un gouvernement pour qui ils n'ont jamais été que « des ennemis de la patrie ».

Dans la « littérature de guerre » allemande, les universitaires font bloc. En aucun temps, la presse quotidienne n'a publié tant d'articles d'allure politique signés de « docteurs » et de « professeurs, ordinaires ou extraordinaires », de toutes les spécialités. Contre eux, la censure n'a pas eu à sévir. Ceux qui n'ont pas écrit ou parlé en public, n'ont aucun mérite; ils ont fait taire leur science et leur conscience, en abritant leur manque de courage derrière la « trêve civique ».

Les autres ont acclamé les actes du Gouvernement. Les historiens de profession se sont montrés les plus dévoyés[1]. Des juristes éminents ont étayé de sophismes audacieux la théorie des « chiffons de papier ». Par des « interprétations » aussi spécieuses qu'effrontées, ils ont justifié la violation de la Belgique, les crimes monstrueux de la soldatesque, les manquements flagrants aux traités. A les entendre, l'Allemagne seule a respecté le droit des gens.

Par contre, nulle part dans les milieux universitaires la protestation de la droiture morale, de l'ob-

1. Les critiques de « J'accuse » par les universitaires allemands donnent la mesure de leur parti pris contre la vérité.

jectivité, de la liberté tant vantées n'a pu se grouper. Aucune minorité autorisée d'intellectuels, pas même une individualité incontestée, ne s'est dressée pour réagir[1]. Nous l'aurions su. La tribune du Parlement restait libre. Des discours assez violents d'opposition et de critique y ont été prononcés. Mais, on y chercherait vainement, même dans les cris de rage impuissante de la minorité socialiste, — ceux-là pour la plupart des non-universitaires — une allusion à un universitaire ayant eu le courage de faire entendre la voix du droit, de la justice, de l'humanité.

Du haut de la chaire chrétienne, les ministres de Dieu ont sanctifié à coups de citations de la Bible les excès barbares de la guerre. Les évêques allemands ont rejeté dédaigneusement l'appel à la mansuétude chrétienne des confrères belges. Le pasteur député docteur Traub, de Düsseldorf, un libéral! prêche dans une publication, laquelle porte le titre significatif de *Eiserne Blätter* (Feuilles de fer), une haine de l'ennemi qui n'a rien d'évangélique.

Les professeurs de l'enseignement secondaire

1. Le roman *Inferno*, de E. Stilgebauer, a paru à Bâle et a été interdit en Allemagne. Les appels de Romain Rolland ont eu des échos décevants. Voir, ci-dessous, les opinions de F.-W. Fœrster.

ont commencé, dès août 1914, une campagne sans précédent[1]. Le temps leur semble venu de purger, enfin, la pédagogie allemande de toute tendance généralement humaine. La « Kultur » allemande ne comprend-elle pas, purifiées et enrichies par le progrès national, les essences les plus précieuses des cultures antiques? Quant aux arts et aux lettres des nations modernes, l'Allemagne a beaucoup mieux. Qu'attend-on pour former dans l'école nationale allemande, placée sous l'unique autorité de Berlin, des hommes et des femmes allemands, de les élever tous en vue de l'efficacité militaire (*wehrhaft und kriegstüchtig*) et de renforcer l'élite des dirigeants par l'admission aux carrières des meilleurs éléments du peuple?

Les industriels, les commerçants et les propriétaires terriens ont sommé le chancelier de ne rien abandonner des territoires occupés. Endoctrinés dans les écoles techniques supérieures, ils continuent à obéir à leurs maîtres. Un des leurs, l'auteur de *Mitteleuropa*, a tracé le programme de leurs ambitions. D'autres se sont déjà établis à Gand et à Constantinople pour préparer les routes commerciales d'Anvers à Bagdad.

1. Voir ci-dessus, chap. V.

***

Certes, la semence jetée à pleines mains par les universitaires allemands a bien levé. Elle a même pullulé, au point d'étouffer la récolte. Les savants docteurs de Berlin s'en étonnent. La propagande qu'ils ont organisée avec tant de soin et de méthode dans le monde entier dès les premiers jours de la guerre, n'a convaincu personne de la justesse de la cause allemande et des bienfaits de la « Kultur ». Dans leur propre milieu, les excès des zélateurs menacent de compromettre la science et la cause de l'Allemagne. Ils ont semé des « dents de dragon autour de la toison d'or ».

Gardons-nous de les croire prêts au « retour franc de l'Allemagne de Bismarck à l'Allemagne de Goethe[1] », que d'aucuns semblent désirer. Ce serait méconnaître la nature de l'orgueil nationaliste qui a étourdi les plus sages. Contentons-nous d'enregistrer les désaveux esquissés comme des aveux de leur intempérance politique.

Peu de temps avant de mourir, le professeur E. Sieper, qui enseignait la langue et la littérature

1. C'est un universitaire, un professeur de théologie, de Halle, qui a protesté publiquement contre ce mot d'ordre.

anglaises à l'Université de Munich, publia dans le *Berliner Tageblatt*[1] un article très digne sur « les devoirs du patriotisme ». L'abondante littérature de guerre contre l'Angleterre, que le savant anglisant avait vu éclore en un an, l'avait rempli de dégoût et de tristesse. « Les fausses généralisations, écrit-il, les jugements partiaux et exagérés qu'on trouve dans le livre, si souvent mentionné ces temps-ci, d'Eduard Meyer, professeur titulaire d'histoire ancienne à l'Université de Berlin, sont peu propres à rehausser le respect pour la science allemande ».

Un autre critique, non moins universitaire, commence ainsi son compte-rendu du même livre[2] :

Les sciences naturelles et leurs applications ont été poussées par la guerre, notamment en Allemagne, à des résultats, qu'elles n'auraient atteints qu'après de longues années dans le développement nonchalant de la paix. Mais, nous remarquons que les sciences de l'esprit, auxquelles l'intérêt de la patrie n'impose nullement le même besoin urgent, ont également accéléré le pas pour se réa-

1. Du 30 octobre 1915. Voir, aussi, le *Mercure de France*, 16 février 1916, p. 586 et suivante.

2. Le docteur B. Guttmann, dans la *Gazette de Francfort*, du 14 novembre 1915.

dapter[1]. *Une nouvelle science, née de la guerre, se forme et se met au travail pour repeindre toute l'image antérieure du monde d'après les expériences des derniers quinze mois. A ce qu'il paraît, il n'y a pas peu de philosophes, d'historiens, de littérateurs, dont les yeux se soient désillés seulement le 1er août 1914. Aussitôt, ils se hâtent de répandre dans le public leurs lumières nouvelles. Quiconque ne le savait pas déjà, apprend maintenant combien précaires étaient en réalité les démonstrations dans les sciences de la civilisation, malgré les méthodes exactes. Puisque le même petit nombre de documents officiels des temps présents ont pu être interprétés par les savants des diverses nations d'une façon si radicalement différente, quelles garanties avons-nous qu'à propos des papyrus d'Egypte ou des inscriptions moabites nous ne nous berçions pas de mystifications très inquiétantes? Malheureusement, il est devenu clair, aussi, que ceux qui ont cherché la vérité pendant toute leur vie, n'ont pas trouvé dans leurs recherches assidues un antidote contre leurs propres préjugés.*

1. *Umlernen*, désapprendre pour réapprendre, changer de méthode dans ses études. La langue de guerre allemande a frappé nombre de termes de ce genre pour exprimer l'orientation nouvelle des esprits et des choses.

L'auteur de ces lignes ne serait pas un vrai Allemand, s'il n'étendait pas son désenchantement à tous les savants du monde, aux Français et aux Anglais en particulier. Mais, il y a été amené par une critique accablante du livre d'un professeur qui fut jugé digne de succéder à l'illustre Mommsen dans la chaire d'histoire de l'Université de Berlin! Le coup qu'il porte au savant berlinois atteint tous ceux de ses collègues — et ils sont nombreux — qui, à propos de cette guerre, ont discrédité gravement l'historiographie allemande.

M. Meyer, autant que nous sachions, s'est spécialisé dans les recherches sur les origines les plus lointaines de la civilisation européenne. Par contre, il connaît à peine la langue anglaise et, par on dit seulement, les institutions politiques et sociales de la Grande-Bretagne. Cela ne l'a pas empêché, lui un champion de la « Kultur » allemande et un admirateur fervent du régime politique prussien, d'écrire, en quelques semaines et sous l'empire de la colère, une condamnation soi-disant scientifique, partant péremptoire, de l'évolution sociale et politique du peuple anglais. Attendons de sa science la justification des déportations belges et françaises par celle des Juifs par Nabuchodonosor.

Or, il paraît que le savant archéologue de la

Susiane a mis de l'eau dans son vin. Lorsque récemment le Ministre de l'Instruction publique de Prusse, cédant à la pression nationaliste, a ordonné d'enseigner dans les écoles, avant tout autre et le plus largement possible, l'histoire allemande de nos jours, des craintes sont venues à quelques historiens et à M. Meyer lui-même. Ont-ils compris que l'histoire nationale mal enseignée est le chemin le plus sûr vers le jingoïsme et le chauvinisme qu'ils ont tant reprochés à leurs ennemis ? et que les maîtres de la critique historique, en galvaudant leur science dans la casuistique du prosélytisme nationaliste, sont tout près de faire de l'historiographie et de la « Kultur » nationales une mystification politique ?

D'autre part, les philologues classiques se sont émus des attaques violentes lancées, de tous côtés et de leur propre camp, contre les humanités anciennes, « trop irréelles et vraiment inutiles à la patrie allemande ».

Des néophilologues ont eu à protester contre la fureur iconoclaste qui exige la proscription radicale des langues, des littératures et de l'art français, anglais et italien.

Ceux qui veulent faire des écoles allemandes tant vantées « des écoles de sous-offs avec un peu de science », ne sont pas des énergumènes quelconques. Ce sont les propres élèves des universités. Et ce sont les maîtres de ces universités qui ont créé ce singulier état d'esprit. La science allemande est sortie de son rôle, en entrant dans la politique. Les universités se sont laissées asservir au lieu de diriger ceux dont la politique est le métier, vers les buts indiqués par la science. Il ne leur sera guère facile de se reprendre.

***

Le premier *Kriegsrektor* (recteur de guerre) de l'Université de Berlin fut l'helléniste illustre U. von Willamowitz-Möllendorf, Conseiller supérieur intime du gouvernement et Excellence. La personnalité de l'élu apparut à la fois comme un symbole et comme un heureux présage. Son beau-père, l'historien bien connu Mommsen, avait dévoilé, pendant son rectorat, la plaque commémorative consacrée par l'Université de Berlin à ses membres tombés en 1870. Le gendre avait campé, en 1870, devant Paris avec les grenadiers de la garde prussienne. Serait-il appelé à célébrer la victoire en 1915? Comme helléniste, il jouit d'une réputation hors pair. Sa science profonde et étendue, aidée d'un talent oratoire exceptionnel, l'a fait comparer à G. de Humboldt, à A. Boekh, à F. A. Wolf. Son autorité sur les universités de son pays est incontestée.

Le professeur de Willamowitz est, en outre, une des personnalités marquantes de la haute société. L'empereur l'honore d'une estime toute particulière. Le Gouvernement l'écoute. Il prête au savant des vues politiques générales que son autorité reconnue à l'étranger pouvait rendre précieuses pour l'Allemagne. Car, M. de Willamowitz quitte volontiers les sérénités de la vie antique pour regarder le mouvement des autres pays, dont il connaît les langues et les institutions. Aux savants étrangers, qui avaient très honorablement apprécié son mérite, il donnait l'impression de travailler à l'union plus étroite des civilisations modernes autour des humanités classiques communes, qu'il savait si bien faire revivre. Les conférences sur l'hellénisme qu'il a faites à Oxford, disait naguère un journal anglais, avaient fait plus pour l'entente entre nations que tous les discours politiques des temps récents! C'était trop d'optimisme!

Les harangues rectorales de cet éminent *Kriegsrektor* étaient donc attendues avec une légitime curiosité. Elles n'ont point déçu le monde officiel et savant de l'Allemagne. M. de Willamowitz est un hobereau. Il est un des grands chefs de la « Kultur ». S'il n'a pas pris l'initiative du manifeste des 93, il l'a signé un des premiers et fait signer par ses collègues. Il a employé sa science, son talent, son autorité et sa « magnificence rectorale » pour démontrer à la société instruite de Berlin — et jusque dans les églises — « la justesse de la cause allemande », « l'agression étrangère perfide », « les rapports intimes entre la science et le militarisme ». Ces harangues, dont les journaux allemands vantent « la flamme de la conviction » et « l'argumentation géniale », sont imprimées, comme beaucoup d'autres, et circulent largement en pays neutres.

Or, c'est du dehors que semblent venir à M. de Willamowitz les premiers doutes sur l'efficacité de sa campagne. Déjà, il trouve[1] *une part de vérité* chez les ennemis. « Les Ministres étrangers, dit-il, *mêlent le mensonge à la vérité*, lorsqu'ils parlent de la menace allemande; l'empereur n'a menacé personne; ce dont les adversaires se sentaient menacés, c'est la puissance, le commerce, la richesse de l'Allemagne ». Un des collègues de M. de Willamowitz n'a-t-il pas essayé de prouver

1. Dans un discours prononcé à l'église de la Trinité, à Berlin, le 5 octobre 1915, sur « Le deuxième hiver de guerre », *Lokal-Anzeiger*, 7 octobre 1915.

non moins « génialement » que « défensif » et « préventif » étaient synonymes, ce par quoi il avouait, malgré lui, que la guerre soi-disant défensive de l'Allemagne est une guerre provoquée par elle?

Tout récemment, un autre manifeste des intellectuels allait être mis en circulation. Les journaux en donnèrent même le texte. M. de Willamowitz, qui figurait parmi les promoteurs, aurait préféré semble-t-il, qu'il restât à l'état de projet.

Plus récemment encore, M. de Willamowitz a senti le besoin d'expliquer au correspondant berlinois de la *Vanguardia*, de Barcelone, et à M. Ricardo León, de l'Académie espagnole, la portée de ses « oraisons » rectorales, afin qu'ils en avertissent leurs compatriotes et les nations latines de l'Amérique du Sud. Ses « explications », répandues par toute la presse allemande sous forme de communiqué, nous intéressent au plus haut degré. Elles sont une illustration, quelque peu estompée pour la circonstance, du rôle politique des universités allemandes en général. Leur but est de prévenir le danger d'une abstention future de la clientèle étrangère, qui pouvait être la conséquence de l'attitude équivoque des centres de la science allemande. Voici ces « explications » d'après le *Lokal Anzeiger*, de Berlin, du 29 août 1916 :

« Cela répond à mon propre désir de donner précisément à des représentants de l'Espagne et des nations latines de l'Amérique du Sud des explications sur les discours que j'ai prononcés, étant recteur de l'Université de Berlin. Ce que j'ai exposé, à la fois comme patriote et comme homme de science, est fondé sur la doctrine philosophique et historique élaborée par les grands penseurs de l'Allemagne, il y a cent ans. Le succès de cette doctrine, vous l'avez sous les yeux : c'est l'essor politique et intellectuel de l'Allemagne. Par conséquent, cette doctrine domine également dans nos universités. Ce qui est atteint pour la science, n'appartient pas à un seul peuple en particulier, mais à l'Humanité. Ainsi la Grèce autrefois et l'Eglise ensuite ont travaillé pour tous; ainsi le font aujourd'hui tous les peuples civilisés (*Kulturvölker*). Si l'Allemagne a réussi à faire depuis cent ans de grands progrès dans tous les domaines de la science, tous les peuples sont obligés de s'approprier ces acquisitions, pour ne pas rester en arrière, non pas parce que nous sommes des Allemands, mais *dans l'intérêt de la science elle-même.* Celle-ci possède la force miraculeuse de croître d'autant plus qu'on la prodigue plus libéralement. Nous l'avons fait volontiers, et il n'y a pas lieu de craindre que votre jeunesse studieuse ne trouve chez nous, désormais, un accueil moins amical.

« C'est un des mensonges malveillants de nos ennemis de prétendre que nous voulons imposer de force au monde une *tyrannie*, politique ou intellectuelle. *Tout au contraire*[1], nos recherches philosophiques et historiques ont fait reconnaître que le salut et le progrès de la civilisation humaine reposent sur la collaboration des peuples selon la force et le caractère particuliers de chacun. L'uniformité de la culture mondiale (*Weltkultur*) serait un malheur, même si la culture dominante d'un peuple était aussi supérieure aux autres que l'étaient autrefois la civilisation grecque et au XVIIIe siècle la civilisation française. La domination de l'Angleterre sur le monde aurait pour conséquence une telle uniformité. *L'Allemagne ne cherche rien de pareil.* C'est précisément parce qu'il nous a coûté de si lourds sacrifices pour fonder notre Etat national, en développant en même temps la science qui dépasse toutes frontières politiques, c'est pour cela que nous avons appris à estimer la valeur de chaque génie national étran-

1. Les passages soulignés le sont dans l'original. L'auteur a soigneusement pesé ses paroles. Il joue sur les mots. Le fond de sa pensée n'est que plus visible.

ger. Car, il nous est permis, à nous autres Allemands, de prétendre, sans crainte d'être taxés de présomption, que nous savons mieux que n'importe qui nous absorber avec amour dans la vie intellectuelle d'un peuple étranger.

« Je parle à des hommes de langue espagnole. J'ai donc le besoin de développer ce que dans mon second discours le temps mesuré m'a contraint de supprimer. Lorsque je dis que l'ancienne rhétorique romane ne suffit plus, je veux dire que j'attends des nations romanes un essor intellectuel vigoureux. Chacune d'elle possède sa propre force nationale précieuse, laquelle est cachée sous le vernis des formes traditionnelles. J'ajoute volontiers, à ce propos, ce que m'a dit, déjà avant la guerre, mon célèbre collègue le professeur Morf[1], qui a étudié à Madrid et qui suit par profession la littérature espagnole moderne, y compris la littérature populaire. Il m'a dit ceci : *Dans aucun pays roman on n'aperçoit, au moment présent, un essor aussi puissant et aussi alerte* (*frisch*) *qu'en Espagne.* Mais nous désirons, nous autres, participer à l'avenir encore davantage à votre vie.

1. Un des signataires du triste manifeste des 93, Suisse d'origine et élève de notre Gaston Paris, dont il a connu la précieuse amitié.

L'Université de Berlin n'a remis la solennité en l'honneur de Cervantès qu'à cause de la guerre. Lors du jubilé de notre Université, nous avons conféré à M. Cuervo la dignité de docteur *honoris causa,* et nous avons souligné pour son éloge que, né à Bogota, il est devenu le maître de tous par ses mérites pour l'étude des dialectes espagnols d'Amérique et de la Métropole. Et puis Numance! Déjà E. Saavedra en avait situé exactement l'emplacement. L'exactitude a été confirmée par Ad. Schulten. L'empereur d'Allemagne a lui-même donné l'argent pour les fouilles. Mais, lorsque aucun doute n'était plus possible, nous autres Allemands avons cédé la place. Nous comprenons très bien que l'Espagne tenait à exhumer elle-même ce lieu de gloire nationale, et nous nous sommes occupés des camps romains autour de la ville. Le zèle des chercheurs espagnols était allumé. Ils portent maintenant le coup de pioche à de nombreux endroits. Voilà comment la science allemande s'applique à éveiller les concours nationaux, elle ne cherche pas à les étouffer.

« Il y a loin jusqu'à l'Amérique du Sud, mais la technique a raison de l'espace. Contribuons donc chacun pour notre part à rapprocher nos peuples les uns des autres. Nous autres Allemands *salue-rons avec joie vos jeunes gens dans nos universités,* et nous sommes persuadés que, dans le contact de nos peuples, nous ne ferons nullement que donner; nous aussi, nous recevons et apprenons volontiers. »

Ne prenons pas ces déclarations pour une rétractation des discours que le patriote a prononcés devant ses nationaux. M. de Willamowitz a trop d'esprit et trop de science pour n'avoir pas compris le danger de l'apostolat effréné auquel une longue préparation a entraîné les universités allemandes. Voit-il les hommes armés surgir des dents de dragons semées autour de la science allemande? Ce n'est pas la première fois, depuis le manifeste des 93, qu'il se souvient que la science est internationale. Son nouveau plaidoyer ressemble aux arguties des plus habiles parmi les leaders social-démocrates — formés dans les universités, comme on sait, — pour « repêcher » l'internationale socialiste, qui a été si utile à la politique allemande. Descendu de son rectorat, M. de Willamowitz vient-il remettre à la science allemande le masque trompeur que la guerre lui a arraché?

L'explosion de haine féroce, qui de l'entourage immédiat du plus populaire et du plus averti des recteurs a propagé sa fange jusqu'aux couches ignares du peuple allemand, a fait réfléchir bien des Allemands. Dans la Presse, des universitaires ont sommé l'Etat d'interdire désormais l'accès des universités allemandes aux étrangers, en première ligne aux sujets des puissances en guerre avec l'Allemagne et des pays neutres qui n'ont pas pris parti pour elle ouvertement. Au Parlement de Prusse, cette interdiction a donné lieu à une discussion xénophobe passionnée. Le fait que des députés en ont fait l'objet d'un débat parlementaire, comportant une sanction de la part du Gouvernement, prouve encore à quel point les établissements d'enseignement supérieur sont un instrument de politique entre les mains de l'Etat. M. de Willamowitz voudrait rassurer ses interlocuteurs latins à cet égard. Mais, il se garde bien de leur dire combien la doctrine philosophique et historique a changé d'objet depuis cinquante ans. Il n'en reste, en effet, que le chauvinisme étroit et le nationalisme arrogant.

Contrairement à ce que font volontiers les Allemands quand ils apprécient la science française et anglaise, nous ne songeons pas à nier les progrès de la science de nos voisins, ni à diminuer la part prépondérante qui, chez eux, en revient aux universités. Il y a, certes, des avantages pour la science elle-même d'y faire participer l'Humanité dans la mesure la plus large et la plus libérale. Mais, il y a la manière, et la manière de M. de Willamowitz est précisément caractéristique pour les universitaires allemands, encore qu'elle soit chez lui très tempérée par ses habitudes du monde. La phrase où il parle de l'obligation des nations étrangères à s'approprier les progrès allemands *dans l'intérêt de la science*, éclaire tout le prosélytisme allemand. Il procède par affirmations, puisque sa science lui en donne le droit, ou bien, ce qui est également caractéristique, il insinue par des antithèses et pose des prémisses, laissant à son public le soin de conclure en faveur des Allemands.

« L'ancienne rhétorique romane ne suffit plus »; « la force nationale précieuse des nations romanes est cachée sous le vernis des formes traditionnelles »; on attend d'elles « un essor intellectuel vigoureux ». Tel autre de ses collègues aurait dit — et combien de fois l'avons-nous entendu — que les Latins sont des bavards incapables d'agir; que leur civilisation n'est qu'un vernis; qu'il n'y a aucun indice que leurs forces nationales se réveillent jamais, etc., etc. L'académicien espagnol a du être quelque peu gêné — pour les deux autres sœurs latines, — de la découverte de la célébrité berlinoise sur le réveil littéraire récent en Espagne. Combien les Espagnols doivent être heureux d'apprendre que Cervantès, qui a été fêté partout malgré la guerre, sera fêté en Allemagne plus tard, quand on aura le temps; que le meilleur linguiste espagnol de l'heure actuelle est originaire de la Colombie; que sans l'initiative et le contrôle de la science allemande et sans l'argent de l'empereur, les Espagnols n'auraient jamais entrepris les fouilles de Numance. Ces choses peuvent être exactes. Mais, il semble qu'à les dire avec un peu plus de délicatesse et moins de présomption, on risque moins d'éveiller chez les voisins le soupçon que la science allemande veuille pour le moins régenter la leur et contrôler leur manière de faire. Ils ont tous fait l'expérience analogue avec le commerce allemand. Et ils craignent que l'ensemble des activités allemandes, « la Kultur », ne finisse tout de même par « dominer » et par « étouffer ». N'est-ce pas pour avoir résisté à ce danger et contrecarré les projets de l'Allemagne, que toutes les nations romanes, anglo-saxonnes et slaves de l'Europe, la seule Espagne exceptée, sont aujourd'hui victimes de l'agression allemande? M. de Willamowitz invoque les doctrines historiques et philosophiques pour déclarer que l'uniformité de la culture mondiale serait un malheur. Mais, ces mêmes doctrines enseignent qu'une telle uniformité n'a jamais été le résultat et ne résultera jamais d'une domination politique, sans compter qu'une domination mondiale n'est elle-même qu'une chimère dangereuse. L'Espagne a dominé un empire dans lequel le soleil ne se couchait jamais. Elle et l'Angleterre se sont partagé les Amériques. Leur langue et sa culture y règnent. Très probablement, ni le journaliste catalan, ni l'Académicien madrilène ne pensent que les malheurs de l'Amérique du Sud soient dus à sa culture espagnole uniforme, pas plus que la prospérité des Etats-Unis du Nord et du Canada ne sont le fait exclusif de la culture anglaise dominante.

M. de Willamowitz veut faire de la propagande universitaire. Il ne pouvait pas dire que les professeurs allemands ont compromis leur réputation avant et durant la guerre. Il ne souffle mot ni des grossièretés maladroites déversées sur les pays étrangers qui n'ont pas applaudi au geste de l'Allemagne, ni des mesures de proscription projetées contre les étudiants étrangers. Il ne nomme pas l'Italie. Il trouve un mot sur la civilisation française du passé et trahit sa prévention contre l'Angleterre, amie de l'Espagne. Tout le reste est du verbiage sur la « Kultur », unique préoccupation des universitaires allemands. Vouloir discuter, ou espérer convertir un *Kultürträger* avéré (agent de la « Kultur »), serait peine perdue. Quoi qu'elle soit — politique, intellectuelle, économique, ou tout ensemble, — la « Kultur » a conduit au conflit le plus sanglant de l'Histoire. Propager une doctrine philosophique et historique par le fer et par le feu, est le propre des peuples et des époques barbares.

***

Il s'est trouvé un universitaire allemand — un seul — qui ait parlé assez haut pour flétrir la propagation violente de la « Kultur », c'est le professeur Fr.-W. Foerster, de Munich. Son exemple est si rare qu'on nous pardonnera de le citer encore ici à l'égard de M. de Willamowitz.

Cet universitaire de race et de carrière n'est pas moins convaincu de la « mission culturelle mondiale » des Allemands que M. de Willamowitz-Moellendorf. Mais, il est convaincu aussi qu'il y a d'autres moyens pour la réaliser. Elevé selon la doctrine philosophique et historique des universités allemandes, il est arrivé à cette conviction par l'étude de la psychologie des individus et en interrogeant l'histoire des civilisations. Ses études ont forcé l'admiration même de ceux dont il a le plus violemment heurté les opinions, tant on les juge pénétrantes et sincères. Car, M. Foerster a appris dans le livre de l'Humanité des leçons toutes différentes de celles des pontifes de Berlin. Que le philosophe-apôtre de Munich, conférencier éloquent et habile écrivain, ait la valeur scientifique de l'important philologue de Berlin, d'autres le diront. Il n'a, certainement, pas autant que lui l'oreille du public, du monde savant et du Gouvernement. Au moins pouvait-on supposer qu'en tant que professeur d'université, il jouit de la même liberté de pensée et de parole. La Faculté dont il est membre, en a jugé autrement. A l'unanimité, elle a exprimé et rendu publique sa « plus rigoureuse désapprobation des opinions » du professeur. Ses collègues se sont déclarés « déterminés à s'opposer résolument à toute tentative de les répandre parmi la jeunesse placée sous l'autorité du professorat académique. » Les journaux de Berlin jubilaient, en particulier ceux de l'*Union évangélique* que M. Foerster accuse d'avoir déchaîné la campagne (*Hetze*) contre lui. Les organes libéraux ont essayé de démontrer par toutes sortes d'arguties qu'il n'y avait dans les procédés de la Faculté contre un des siens aucun attentat à « la liberté académique ». Ils insinuèrent même que cet incident « regrettable » n'était qu'une vengeance de la Faculté, à laquelle le professeur réprimandé aurait été *imposé* par le Gouvernement!

Nous savons ce qu'il en est, en réalité, de l'indépendance des professseurs des universités allemandes. Si nous avons rappelé cet incident, c'est pour montrer que l'Université de Munich s'est faite plus prussienne que le Gouvernement de Berlin.

Quel était donc le crime de M. Foerster? C'est d'avoir, lui un savant allemand, des opinions diamétralement opposées à celles de ses contemporains sur la politique de Bismarck[1] et sur l'ave-

1. M. Foerster avait publié, en janvier 1916, dans la revue pacifiste *allemande* « Friedenswarte » — qui ne paraît à Zurich que depuis mai 1915, à cause de la censure berlinoise — un chapitre d'un livre qu'il prépare sur les idées de Constantin Frantz, l'adversaire bien connu de la politique bismarckienne (C. F., *Deutsche Weltpolitik*, Chemnitz, 1882). Frantz estimait que le nationalisme outrancier de Bismarck faisait manquer à l'Allemagne sa mission mondiale M. Foerster partage cette conviction. La pédagogie lui semble être un moyen efficace pour réagir. En vérité, le désaveu tardif de la Faculté de Munich est le résultat d'une campagne menée contre M. Foerster par les conservateurs de Berlin, parmi lesquels les orthodoxes « évangéliques » de la Cour semblent être au premier rang. Car, le savant professeur n'a pas seulement répandu des idées réactionnaires — dans le bon sens — sur la pédagogie, il a aussi osé prétendre que l'Eglise catholique était un modèle

nir de l'Allemagne ; c'est encore et surtout, d'avoir eu le courage de les dire « au moment où l'Allemagne lutte pour son existence ». Mais, précisément parce que son pays lutte pour la vie ou la mort, que M. Foerster a cru de son devoir de savant et de patriote de lui crier casse-cou, et de lui prouver que la politique nationaliste de Bismarck, la centralisation outrancière et le militarisme qui en est la condition essentielle, détournent l'Allemagne de sa véritable destinée. M. Foerster croit en la force de l'idée et de la valeur morale. Le saint Empire romain de nation

d'organisation, parce qu'elle a su créer un empire mondial par la seule force morale, sans entraver le développement individuel des nations (*Autorität und Freiheit*, 1913). Seuls le radical *Berliner Tageblatt* et la ci-devant démocratique *Gazette de Francfort* ont pris sa défense, ou plutôt ont blâmé la Faculté imprudente — « à cause de l'étranger si méchant » !

Le musée pédagogique (41, rue Gay-Lussac, Paris, V^{e}) possède les ouvrages suivants de M. Fr. W. Foerster : *Schule und Character*. Beiträge zur Pädagogik des Gehorsams und zur Reform der Schuldisciplin (Zürich, 1910); *Schuld und Sühne*. Einige psychologische und pädagogische Grundfragen des Verbrecherproblems und der Jugendfürsorge (München 1911); et les traductions : *Pour former le caractère* (trad. par Thirion et Paris) 6e éd. (Paris, chez Fischbacher) et *L'École et le caractère*. Les problèmes moraux de la vie scolaire (trad. par Borel, Neuchâtel, Delachaux ; Paris, Fischbacher).

germanique a réuni jadis sous son régime « fédératif » les peuples les plus divers, parce qu'il représentait une civilisation. Il n'était point besoin de les unifier autrement, ni de leur faire violence.

En d'autres termes, M. Foerster a eu le courage de condamner, comme contraire à la doctrine philosophique et historique et comme dangereux pour les intérêts vitaux du peuple allemand, le dogme patriotique prussien, que Bismarck et le Gouvernement de Berlin ont exploité pour consolider l'empire à l'aide de la puissance militaire. Par contre-coup, il condamne les universités qui s'en sont faites les instruments.

***

Ces exemples suffisent pour illustrer le rôle politique des universités allemandes. La guerre l'a fait voir aux plus incrédules. Nombreux sont les savants et hommes politiques de l'étranger, naguère encore admirateurs reconnaissants d'une *alma mater* allemande, qui aujourd'hui se détournent d'une science pleine de dangers pour l'Humanité. En Allemagne même, quelques rares esprits ont senti le besoin d'une orientation nouvelle (*Neuorientirung*). Ils exhortent leurs contemporains à

« désapprendre pour réapprendre » (*Umlernen*). Leurs appels n'ont guère de chances d'être compris dans le sens humaniste, tant que le nationalisme militariste de 1813 et de 1870 n'aura pas sombré définitivement dans la catastrophe qu'il a provoquée en 1914.

***

Quelque perfectionné que soit l'agencement de l'enseignement supérieur allemand, les étudiants étrangers ont vu, par cette guerre, quelle association équivoque avec un pouvoir irresponsable se cache sous son apparence de désintéressement humanitaire, et de quels défis à la vérité scientifique sont capables ses plus illustres maîtres. L'explosion de xénophobie, qui des universités s'est répercutée jusque devant les pouvoirs législatifs, leur sera un avertissement. Pendant la seconde année de guerre, les universités allemandes ont perdu la moitié et jusqu'à deux tiers des étudiants appartenant à des nations neutres[1]. Soyons prêts à recevoir tous ceux qui nous ont montré leurs

1. On ne comptait plus que 119 Américains contre 300 en temps de paix, 42 Asiatiques contre 180, 220 Suisses contre 310, 5 Danois contre 10, 41 Grecs contre 104. 32 Scandinaves contre 43, 26 Hollandais contre 32.

sympathies. Préparons-nous à leur offrir chez nous les instruments de travail qu'une propagande habile et active leur promettait en Allemagne. Pour des raisons multiples, c'est vers la France en particulier, vers ses universités, vers ses écoles techniques, vers ses institutions d'art que se tournera, dès la fin de la guerre, une nombreuse jeunesse étrangère. A nous de ne pas lui laisser reprendre le chemin des capitales allemandes.

VII

LA GUERRE
ET LA FEMME ALLEMANDE

VII

LA GUERRE ET LA FEMME ALLEMANDE

Il fut un temps où les poètes d'Outre-Rhin parlaient selon le cœur de leurs compatriotes en glorifiant les vertus de la femme allemande. La jeune fille, la fiancée, l'épouse, la mère et la ménagère allemandes n'avaient pas leurs pareilles au monde. Les Allemands de nos jours n'ont plus que faire de ces sentimentalités. Hermann et Dorothée sont vieux jeu, comme Goethe lui-même. La politique impériale, les affaires mondiales, la « Kultur » et l'armée exigent de la virilité, rien que de la virilité (*Mannhaftigkeit*). La femme a passé à l'arrière-plan. Des polémistes hardis nous ont révélé le peu de cas qu'on faisait d'elle dans les sphères élevées de la société militaire. Les romanciers se sont senti de la sympathie pour des héritières déclassées, pour des bourgeoises méconnues et pour des ouvrières malheureuses[1]. Des médecins et des sociologues se sont unis aux féministes dans une campagne de réhabilitation, qui a montré combien la condition sociale de la femme allemande était devenue précaire.

***

La « Kultur » a ses « walkyries ». Mme de Bismarck aurait voulu que son époux rasât la Babel moderne des bords de la Seine. Des doctoresses ès-philosophie et autres bas-bleus affichent la même superbe que leurs confrères du sexe fort[2]. Plus que la femme du monde et que l'ouvrière, la bourgeoise de la classe moyenne, désireuse de paraître, se croit appelée à contribuer à la grandeur de la patrie. Qui n'a pas rencontré la *Fräulein* diplômée, affublée du *Reformkleid* (robe rationnelle), plus riche de prétentions que de capacités, et arborant les sentiments militaristes et pangermanistes

1. Gabriele Reuter a commencé une série intéressante de types de femmes allemandes, qui paraît en feuilleton dans la *Gazette de Voss* (déc. 1915). Les femmes allemandes continuent à s'ignorer d'une classe sociale à l'autre. La conception féodale a repris le dessus.

2. Voir ci-dessus, les opinions de Mlle Schirmacher, p. 137.

du papa officier, professeur ou fonctionnaire d'administration publique?

On se console volontiers en Allemagne de ses propres imperfections en dénigrant les voisins. Que n'a-t-on pas dit là-bas des femmes françaises, anglaises et américaines! Cependant, des hommes et des femmes de bon sens ont eu le courage de regarder autour d'eux, dans leurs propres capitales, dans les villes d'usines, dans les petites et les grandes garnisons, dans les campagnes. La mortalité infantile va en croissant. Une perversion morale de mauvais augure règne dans les milieux aisés. La misère sociale et familiale est grande dans les foyers d'artisans, où, pourtant, on gagne des salaires plus que suffisants. Ils en ont conclu que la femme ne savait point remplir son rôle de mère, d'épouse et de ménagère. Et comme toujours en pareils cas, ils demandèrent aux pouvoirs publics, à l'Etat, d'intervenir[1].

La guerre a apporté à leurs revendications une justification inattendue. Les blessés et les malades

1. Le docteur Rott, directeur de l'office pour la protection des nourrissons de l'hôpital *Impératrice Augusta Victoria*, accuse les femmes « d'indolence et d'inexpérience »; « dans les classes pauvres surtout, les femmes entrent dans le mariage sans aucune connaissance ménagère et sans savoir comment soigner un enfant. »

sont infiniment plus nombreux que ne l'avaient espéré les auteurs de la catastrophe. L'hécatombe engloutit, sans compter, des existences précieuses. Des myriades d'orphelins manquent de soins. La transition brusque du bien-être à la gêne a désorganisé des foyers sans nombre. L'inexpérience des femmes, qu'on ne voulait pas avouer officiellement, a éclaté de toute part. Le Gouvernement a dû créer des organisations dont la nature, l'ampleur et le détail révèlent la profondeur du mal.

Le fonctionnarisme allemand répugne à l'emploi des femmes. Mais « nécessité n'a pas de loi »! Il a fallu avoir recours à elles pour conduire des autos et des voitures à chevaux, dans les services postaux et dans les transports en commun, dans les services de voirie et d'ordre public. Quelle innovation! Les journaux en parlèrent comme d'une révolution. Dans les villes aussi bien que dans les usines et à la campagne, la main-d'œuvre féminine fut tout à coup recherchée.

Par contre, avec les petites bourgeoises et les filles de famille (la langue allemande distingue entre *Mädchen* et *Töchter*, filles et demoiselles) ce fut un échec lamentable. C'est tout au plus si on pouvait les employer dans les ouvroirs et pour l'emballage des paquets de soldats (*Liebesgaben*). Les plus enthousiastes pour la guerre se montrèrent les moins capables de rendre service. La Croix Rouge et les administrations remerciaient, et les femmes racontaient dans les journaux leurs vaines démarches pour se faire embaucher[1]. N'est pas sœur diaconesse (*Schwester*) qui veut. Mais, il y avait dans les ménages pauvres à remplacer des mères qui travaillaient en dehors de la maison, qui perdaient de longues heures à attendre leur tour chez les marchands de victuailles. D'innombrables orphelins réclamaient une aide immédiate. Dans les cuisines populaires et dans maintes autres tâches d'assistance, rendues nécessaires par la dureté des temps, les filles de famille auraient pu se rendre utiles. Hélas! ces besognes n'étaient pas de leur goût, ou elles dépassaient leurs forces.

« La guerre a éclairé d'une lumière crue un esprit de sacrifice sans bornes et infiniment de

1. Par exemple, *Tägliche Rundschau*, 29 novembre 1916 : même la loi sur la « mobilisation civile », la levée en masse, ne veut pas des femmes « qui ne savent travailler physiquement ». — Après un an d'existence, le « Travail national des femmes » (*Nationale Frauenarbeit*) de Berlin comptait 1.400 collaborateurs et collaboratrices bénévoles. Le Comité directeur fait surtout de la propagande et prodigue de bons conseils. Les 23 commissions auxiliaires aident les autorités dans la distribution des secours de guerre, procurent du travail aux femmes et dirigent des ouvroirs. On espère que l'institution survivra à la guerre En décembre 1915 un *seul* rapport de province était parvenu.

bonne volonté, mais aussi l'insuffisance infinie, précisément dans les aptitudes féminines[1] ». « Le grand jugement de la guerre sur l'éducation des femmes, dit une des féministes les plus autorisées[2], est une condamnation péremptoire de toutes les médiocrités ».

Elles étaient donc si médiocres, toutes ces femmes de mobilisés qui ne savaient ni se débrouiller, ni être économes, ni surveiller leurs enfants? et ces autres qui auraient dû être des assistantes bienvenues dans les hôpitaux, dans les ménages pauvres, dans les patronages?

Quelle angoisse pour l'avenir! Demain l'État aura besoin de beaucoup de forces nouvelles. C'est aux femmes de refaire « le plein de la population ». Qu'elles travaillent ou qu'elles ne travaillent pas, savent-elles être « mères »? Moins on aura d'enfants, plus il sera nécessaire de protéger ceux

1. *Das weibliche Dienstjahr*, par L. Niessen-Deiters (*Gazette de Cologne*, 17 janvier 1916) « notes marginales d'un laïc » aux brochures de Mme Elisabeth Gnauck-Kühne, *Dienstpflicht und Dienstjahr des weiblichen Geschlechts*, (service obligatoire et année de service du sexe féminin) et de Mme Helene Lange, *Die Dienstpflicht der Frau* (le service obligatoire de la femme).

2. Helene Lange. *Kriegslehren für Frauenbildung* (enseignements de la guerre pour l'éducation des femmes), *Gazette de Francfort*, 21 déc. 1915.

qu'on a. Elle est venue, « la bonne saignée » dont certains auteurs allemands ont prôné la nécessité salutaire. Ils n'avaient pas pensé qu'elle serait si abondante! Aussi faut-il repeupler. Pour cela, il ne suffit pas d'accorder des permissions aux « gris » en campagne (*Feldgrauen*), il faut que les mères sachent élever sainement la progéniture. Où l'ont-elles appris? L'initiation maternelle n'est plus ce qu'elle était jadis. La légendaire *Hausfrau* a été entraînée dans la course à la fortune et à la jouissance. La jeune fille d'aujourd'hui trouve à s'employer. Elle veut gagner et dépenser. A l'âge où autrefois elle faisait un stage utile au foyer des siens, elle travaille à présent hors de la maison. Dans les milieux aisés, les jeunes années se passent « en pension » et avec les mille inutilités du snobisme parvenu. Le *Backfisch* (jeune fille) songe à se marier en quittant les bancs de l'école. Combien sont-elles celles qui convolent ou qu'on case le plus tôt possible? Et celles qui sont mères sans attendre l'heure?

Avec les avantages d'un essor économique sans précédent, la société allemande a connu tous les inconvénients qui peuvent en résulter, si on n'y prend garde. Les féministes allemandes ont vu les dangers que l'évolution moderne faisait courir à la femme et à la famille. Elles réussirent à amener les pouvoirs publics dans la voie de la pédagogie féminine, encore que difficilement. Car, l'orgueil national ne saurait admettre que la femme allemande ait tant besoin d'éducation. D'autre part, la lenteur routinière de l'Administration s'abrite volontiers derrière la prudence confortable des considérations politiques.

***

Ce sont les femmes qui les premières ont attiré l'attention de l'Etat sur la nécessité de suppléer par l'enseignement de l'école à l'initiation familiale décroissante. Mais, ce sont des hommes qui ont discuté leurs propositions autour du tapis vert des commissions exclusives et devant les parlements. Ce sont des hommes qui, dans les bureaux des ministères, ont élaboré les programmes et les instructions méthodiques de l'enseignement général et spécial des filles. Ce sont des hommes, enfin, qui dirigent les écoles de filles et y accaparent les enseignements qu'eux-mêmes jugent importants, ne laissant à l'instruction ménagère et manuelle qu'une place tout à fait secondaire. Les femmes n'ont sur la préparation féminine des jeunes filles qu'une influence indirecte et lointaine.

A l'école primaire, les enseignements ménagers sont obligatoires depuis peu d'années. On les donne dans les dernières classes seulement. La crainte de nuire à l'instruction générale a empêché les autorités de leur assigner la place qui eût été nécessaire pour les rendre efficaces. On l'a si bien senti qu'en Bavière, par exemple, on offre aux jeunes filles une année supplémentaire *facultative*, consacrée plus spécialement à des sujets féminins. Ailleurs, on encourage l'organisation de l'enseignement complémentaire obligatoire également pour les filles. Les programmes de la nouvelle institution et les instructions ministérielles qui les accompagnent, en donnent une idée très avantageuse. Mais, en regardant de près, on s'aperçoit que l'enseignement professionnel l'emporte sur l'initiation des futures mères et ménagères. Administration ou politique? On dit que sans le leurre du perfectionnement professionnel d'une part, et celui de la *Hauswirtschaft* (économie domestique) de l'autre, les politiciens ne se seraient pas entendus sur la nécessité de l'obligation prolongée.

Si nous en croyons les féministes allemands, l'école primaire gratuite, même avec son prolongement obligatoire, ne saurait suffire pour donner une éducation féminine adéquate aux filles du peuple, c'est-à-dire à celles qui en ont le plus besoin.

Il en est de même des écoles dites moyennes. Ce ne sont pas des écoles dans le genre de nos écoles primaires supérieures, faisant mieux et plus que l'école ordinaire. L'initiative privée, particulière ou municipale, les a créées à l'intention des filles de la petite bourgeoisie industrielle et commerçante. Elles tiennent compte, par conséquent, des desiderata de leur clientèle payante, et celle-ci demande des enseignements de nature plus professionnelle que généralement et purement féminine. Lorsqu'en 1910 le Ministère prussien de l'Instruction publique leur traça un programme type, pour mettre leur enseignement à l'unisson, on espérait en accentuer le caractère primaire supérieur et mettre en bonne place l'instruction ménagère, théorique et pratique. Ces espérances ont été déçues. L'école moyenne est restée l'école d'une classe sociale (*Standesschule*) à tendances professionnelles, au lieu de devenir une école de continuation de l'école primaire (*Begabungsschule*) pour les bonnes élèves qui auraient pu y compléter, entre autres, leur instruction ménagère.

Deux ans auparavant — en 1908 — la Prusse a réorganisé sur des bases nouvelles une sorte d'enseignement secondaire, dit *supérieur*, pour les jeunes filles de famille (*Töchter*). On chercha à réunir en une seule institution officielle les établissements, privés ou publics, qui, jusque là, préparaient les filles des fonctionnaires et de la bourgeoisie aux carrières de l'enseignement des filles ou aux études universitaires qu'on venait de leur rendre accessibles.

Un cours d'études de dix années, le *Lyzeum*, doit procurer une instruction générale de bon aloi.

Sur cette base commune, on a greffé trois années de classes dites scientifiques, aboutissant à une année d'exercices de pédagogie pratique, à l'usage des futures institutrices et professeurs.

Celles qui veulent acquérir les connaissances nécessaires à la maîtresse de maison, à la mère, à la femme du monde, suivent, au sortir du *lycée*, pendant deux ans, les cours de la *Frauenschule* (école de la femme). Le programme de cette section est très alléchant. Les jeunes femmes pourraient en sortir expertes en économie domestique, en puériculture, en assistance, en hygiène, en *Kindergarten*, et que sais-je encore? si les enseignements étaient moins scientifiques et plus pratiques, et surtout si on avait su limiter les matières « de luxe » du programme.

On n'a pu se décider encore, depuis 1908, à

couronner cet édifice original par un lycée « supérieur, » qui préparerait les lycéennes à l'examen de maturité, toujours indispensable pour l'immatriculation dans les universités. Cette préparation reste confiée aux « établissements d'études » (*Studienanstalten*), qui sont les pendants des gymnases réaux et des écoles réales pour garçons[1]. Les lycéennes y passent après la septième ou la huitième année d'études générales.

Le lycée de jeunes filles allemand a un caractère nettement réal. On s'est gardé sagement d'imiter l'école secondaire de garçons. Mais, telle qu'il est, il conduit à tout et à rien. Son efficacité au point de vue féminin a été compromise par l'esprit qui préside à son fonctionnement. Ce sont des hommes, des philologues, en général, qui la dirigent. Les principaux cours sont faits par des hommes, qui sont des universitaires. L'avènement présumé de « Mme la Directrice » a donné lieu naguère à des plaisanteries. Or, les féministes estiment qu'avec

1. La Prusse possède 34 *Studienanstalten* réales-gymnasiales (avec latin, mais sans grec) et 4 *Studienanstalten* réales supérieures Ce sont des établissements municipaux. Les « lycées » ne confèrent pas le certificat de maturité Dans certains pays allemands, les candidates à ce certificat sont admises dans les dernières classes des écoles secondaires de garçons.

une direction féminine on y ferait plus d'hygiène pratique et moins de chimie, plus de sciences domestiques que de langues et de littératures française, anglaise, italienne!

La guerre a été pour cette fameuse *Frauenschule* la première épreuve sérieuse. Le fiasco est complet. Peut-être se décidera-t-on, maintenant, à y associer davantage les femmes et à abandonner les méthodes chères aux hommes.

Le péril est pressant, disent les femmes patriotes. La « nouvelle Allemagne » a besoin d'enfants, de mères et de femmes tout de suite. Et, puisque les écoles n'en ont pas formées et n'en formeront pas de sitôt, l'idée est venue à quelques-unes d'engager l'Etat à exiger de *toutes les femmes une année de service obligatoire*[1].

L'analogie avec le service militaire obligatoire des hommes est évidente. Ce qui mérite d'être souligné, c'est que le militarisme allemand a la prétention de régler les actes les plus intimes, aussi bien que les occupations les plus banales de la vie

1. Voir ci-dessus, p. 231, note.

privée. La contagion a gagné les femmes intelligentes, lesquelles la communiquent à leurs congénères restées plus près de la nature par des raisonnements dans le genre de ceux-ci :

L'instruction primaire et complémentaire est obligatoire pour les garçons comme pour les filles. L'Etat a besoin des hommes pour *défendre* la patrie; il les oblige au service militaire. Puisque l'Etat a également besoin des femmes pour *conserver* la même patrie, pourquoi les femmes ne s'y prépareraient-elles pas, elles aussi, par une période de service obligatoire?

L'Etat est autorisé à gêner les jeunes gens dans leur existence en les appelant à la caserne; il prive l'économie générale du pays de forces innombrables qu'on pourrait mieux utiliser : c'est pour le bien du pays, sans compter que la discipline de l'armée est pour la majorité des citoyens une école excellente. Si l'Etat prenait de même une période déterminée de la vie de la jeune femme, ne serait-ce pas aussi dans l'intérêt commun et dans celui de beaucoup de citoyennes?

Ces raisonnements sont tout à fait dans l'esprit d'un Gouvernement qui depuis 1914 administre le pays comme une caserne, qui règle dans les moindres détails l'existence publique et privée de chaque individu, et qui vient de réquisitionner les populations civiles, purement et simplement, pour les besoins de sa politique.

La tournure inattendue de cette guerre a forcé les Allemands de pousser le militarisme jusqu'à ses dernières conséquences. Ils y procèdent avec le même esprit qu'ils apportent à leurs déductions scientifiques. Reste à savoir si l'application ne leur réserve pas des déceptions.

Certaines féministes allemandes — et non des moindres — considèrent le service obligatoire de la femme comme une solution *logique, idéale* « Le service obligatoire des femmes consiste en temps de paix, comme en temps de guerre, à *conserver* et à *développer* la force de la nation », dit Mme Helene Lange. Cela veut dire qu'en temps de paix, la femme sera une mère féconde et avisée, capable d'élever à un foyer sain et bien ordonné ses propres enfants et d'aider, en plus, à élever de même ceux des mères nécessiteuses, les orphelins, etc. Ce faisant, elle accomplit une fonction publique. On peut donc l'astreindre à s'y bien préparer. Qu'est-ce à dire sinon que les mères allemandes doivent être les pourvoyeuses et les auxiliaires du Moloch militariste? Dès le temps de paix, elles produiront des « hommes, » dont l'Etat-Major « fera des soldats ». En temps de guerre, elles constitueront un contingent mobilisable et entraîné pour les multiples services de l'arrière qui leur conviennent, infirmières, cantinières, visiteuses de veuves et d'orphelins de soldats, etc. On les utilisera aussi à certains travaux et fonctions confiés d'ordinaire à des hommes. Afin de les préparer et de les discipliner en vue de la « maternité » et de la « féminité patriotique » (les féministes n'ont pas manqué de disserter sur les termes de *Mutterschaft* et de *Mütterlichkeit*), on leur imposera, « à titre honorifique », un stage public. La guerre a mis à jour l'insuffisance de leur préparation bénévole. Il ne faudra plus, désormais, que l'Etat Major et le Gouvernement en soient gênés, comme il l'ont été cette fois-ci. Il devront pouvoir aller à une guerre avec la certitude que les répercussions sur l'arrière et les conséquences pour la patrie sont réduites au minimum. Les occupations de la femme sont, il est vrai, des occupations de paix. Mais, la paix pour les Allemands est une continuelle préparation à la guerre. La vie civile est chez eux subordonnée au métier militaire.

Les féministes qui ont engendré cette patriotique proposition, se défendent, avec force arguties, de vouloir faire œuvre de guerre. L'hypnose militariste leur fait trouver des accents de sincérité, mais elle leur cache les dangers sociaux et l'irréalisable folie de leur thèse. Il s'en est trouvé quelques-uns et quelques-unes à qui la contrainte pour un stage public de ce genre ne dit rien qui vaille. Celles-là préfèrent, pour l'éducation de la jeune fille à la maternité et à la féminité, l'école naturelle et douce de la famille et, pour la compléter, les enseignements de maîtresses expertes[1]. A supposer que l'Etat osât imposer à la nation l'effort financier énorme pour enrégimenter et encaserner les femmes pendant une période déterminée de leur jeunesse, à quel âge les appellerait-on? A la sortie de l'école? Le terme n'est pas le même pour les filles pauvres que pour les filles riches. Avant qu'elles ne soient mères ou épouses? Mais, dans la « vertueuse » Allemagne aussi bien qu'ailleurs, le cœur des filles a, pour devancer l'heure, des raisons contre lesquelles la raison d'Etat ne pourra rien. Peut-être même se marie-t-on en Allemagne plus tôt qu'ailleurs.

Les Allemands sont trop loin de l'égalité démocratique pour admettre la promiscuité de la caserne, même pour tous les hommes. A plus forte raison

1 Mlle Marfa de Sacher-Masoch dénonce le projet comme une préparation en vue d'une guerre future (*Gazette de Voss*, 16 janvier 1916). Mme Käthe Sprockhoff essaye de la réfuter (*ibid.*, 6 février 1916). Ces deux articles marquent les extrêmes opposés de la thèse.

n'en voudrait-on pas pour les femmes. Ferait-on coucher les pauvres à la caserne, tandis que les riches se logeraient et se nourriraient à leurs frais, comme les soldats volontaires d'un an ? On sait que, sans les envois de la famille, le jeune homme le mieux trempé dépérirait avec le seul « rata ». Que serait-ce pour des jeunes filles ? Enfin, l'effet moralisateur du service en commun est plus discutable pour des femmes que pour des hommes. Dans tout cela, on ne compte pas qu'il sera impossible d'immobiliser, ne fût-ce que pour un temps, toutes les femmes qui, déjà, ont pris la place des hommes disparus dans la tourmente. En temps de paix, combien y en a-t-il qui remplacent, dans les campagnes notamment, des frères qui sont sous les drapeaux ?

Et quand on aura transformé toute l'Allemagne en une vaste caserne, pense-t-on chercher au dehors les ilotes qui feront vivre l'élite « vaillante pour la guerre », hommes et femmes, constituée selon le rêve militariste ?

***

Retenons de cette étrange hypnose féministe le fait que la femme allemande n'a pas été à la hauteur des circonstances. L'on craint sérieusement, en

Allemagne, que son insuffisance ne retarde le rétablissement de la patrie épuisée par la guerre. On cherche le remède. Mais, au lieu de remonter aux causes du mal pour le combattre, on attend la guérison de la guerre elle-même. Rien n'est significatif comme la fréquence de ce début d'article : « Il a fallu la guerre pour... », ou cet autre : « La guerre est un grand maître », chaque fois que la dure nécessité a imposé aux autorités une innovation depuis longtemps souhaitée et toujours refusée. Sous la plume des féministes allemandes, il semble exprimer un soupir d'affranchissement proche. Mais, l'esprit nationaliste qui anime la plupart d'entre elles, est-il bien celui qu'il faudrait pour faire cesser l'asservissement que les hommes, les dirigeants, ont fait peser sur leur cause, comme sur beaucoup d'autres, pour des fins politiques? En Prusse moins qu'ailleurs, l'Administration ne voudra céder « à des femmes ».

Lorsque la guerre contraignit le Ministre de l'instruction publique de Prusse à remplir les postes laissés vacants par les maîtres mobilisés, on a d'abord épuisé tous les expédients, combinaisons de plusieurs classes, réductions des leçons, etc. Puis, on a fait appel à des retraités, voire à des hommes munis de diplômes jugés insuffisants en temps ordinaire ou pas diplômés du tout, pourvu qu'ils fussent en état de « faire la classe », ce qui veut dire, avant tout, de faire régner la discipline. Et alors seulement, on a eu recours à des femmes. Pendant la première année de guerre, une centaine de professeurs femmes ont été déléguées dans les écoles secondaires de garçons à Berlin même. L'essai fut salué comme un « événement inouï »! Jamais les portes d'un établissement secondaire de garçons ne s'étaient même entr'ouvertes pour elles. Il paraît qu'elles y ont réussi, sauf dans un seul cas, assez typique pour être rapporté. Une de ces jeunes maîtresses osa reprocher aux potaches qui lui manquèrent de respect, qu'ils n'étaient pas des « gentlemen, » et qu'ils se conduisaient moins bien que des « boys américains ». L'infortunée dut quitter son poste.

Le Ministre de Prusse a prévu encore un emploi plus étendu des femmes après la guerre, du moins dans les écoles primaires. Toutefois, il a soigneusement dosé la proportion. Dans les écoles de filles, deux tiers des postes pourront être pourvus de maîtresses. Dans les écoles de garçons, on pourra leur confier les petites classes. Un tiers du personnel enseignant des écoles mixtes pourra être féminin. Et le Ministre insiste expressément qu'on n'admette en aucun cas que des candidates d'un physique éprouvé. Tant le préjugé contre le sexe « faible » persiste.

Tout en admettant, sous la pression des circonstances et à titre provisoire, des institutrices veuves avec des enfants, et en laissant à leurs postes des maîtresses mariées depuis la guerre (*kriegsgetraut*), le Ministre n'entend pas rompre avec le principe qui exclut toute institutrice mariée des fonctions de l'enseignement. Les féministes ont cru que la guerre contribuerait à abolir le célibat des professeurs femmes. Certes, on ne leur demande pas de prononcer des vœux à l'entrée dans la carrière; on les place, encore que ce soit en proportion restreinte et dans des postes de moindre importance. Mais, si elles trouvent à se marier, elles renoncent à leur poste et aux droits acquis par les années de service. C'est une injustice flagrante. Les institutrices mariées, épouses et mères, ne remplaceraient-elles pas, mieux que les vieilles filles aigries, la mère auprès des filles pour tout ce qui est enseignement féminin? Il faut lire la réplique que fait un docteur inspecteur[1] à cette inadmissible hérésie. « Déjà

1. L'*Oberlehrerin* Lydia Stöcker plaide la cause de la maîtresse mariée, dans la *Gazette de Voss*, du 23 janvier 1916. Le docte[illegible] Theilhaber cherche également à combattre le préjugé [illegible]ntre elle, sanctionné par la législation scolaire (*ibid.* 11 mars 1916). Par contre, le *Schulinspektor*

avant la guerre, les femmes encombraient l'enseignement public. Elles barrent la route aux instituteurs éprouvés et méritants. L'Administration a été forcée de faire appel momentanément à leurs services... pour le malheur des élèves. Comment ose-t-on comparer l'Allemagne à l'Italie, au Portugal, à l'Espagne, à la Serbie *e tutti quanti* (ce galant fonctionnaire n'a pas voulu nommer la France), où les institutrices peuvent convoler! On sait que l'état de mère est incompatible avec les fonctions de l'enseignement, et que les institutrices sont trop souvent absentes de leur service. *Nous voulons éduquer une génération de sang et de fer. Il nous faut pour cela augmenter encore le personnel masculin, et non pas laisser grossir l'influence féminine* ».

* * *

Voilà, exprimée, avec la rudesse typique des patriotes prussiens, la cause de la défiance de l'Administration à l'égard de l'éducation des jeunes générations par des femmes. L'exemple de la Prusse a

docteur Schepp, de Berlin, rabroue « à la prussienne » son confrère acquis aux revendications féministes (*id.*, 17 mars 1916).

gagné les autres États. Faut-il s'étonner que la pédagogie féminine ait trouvé si peu de sympathie dans l'Allemagne impériale? On ne lui a accordé qu'une importance secondaire. C'est tout juste si la mauvaise volonté ne va pas jusqu'à l'hostilité. L'orgueil militariste, tendu vers l'éducation à la vaillance en vue du service militaire (*Erziehung zur Wehrhaftigkeit*) et préoccupé de la formation des citoyens d'empire en vue de l'idéal politique de la plus grande et plus puissante Germanie, a méconnu la valeur économique et sociale de la femme. La « Kultur » voudrait faire croire à la persistance des anciennes vertus allemandes de la famille et du foyer. De là les demi-mesures et les lenteurs de l'Administration en présence des besoins nouveaux créés par l'évolution moderne.

A ceux qui ont rappelé le traité de Fénelon sur l'éducation des jeunes filles, ou l'exemple de Mme de Maintenon fondant l'école de Saint-Cyr, et à ceux qui vantaient les méthodes d'éducation féminine inaugurées en France, en Angleterre et en Suisse, on répondait que les femmes allemandes n'avaient rien à apprendre au dehors, bien au contraire. Une campagne en règle a été menée, depuis la guerre, contre les pensions de la Suisse romande, où beaucoup de familles allemandes envoyaient leurs filles[1]. L'exécution de Miss Cavell donne la mesure du mépris des Allemands pour les femmes anglaises, si admirables dans les services de l'armée et dans les travaux de l'arrière. L'Allemagne ne peut se vanter, comme l'Angleterre, d'avoir trouvé parmi les femmes de bonne volonté quatre-vingt-cinq pour cent des ouvriers occupés à la fabrication du matériel de guerre.

Quant aux femmes françaises, le jour viendra, peut-être, où les Allemands rougiront de leur conduite à leur égard. Ils ont feint d'ignorer leurs qualités d'épouses, de mères et de citoyennes. La guerre leur aura appris à les connaître.

Il y a eu en France et en Angleterre des critiques qui ont parlé des femmes pendant la guerre. Pas un seul n'a formulé des jugements comparables aux condamnations sévères que des Allemands et des Allemandes ont prononcées contre les femmes d'Allemagne. La pédagogie féminine n'est parfaite nulle part. Mais, il faut croire qu'elle est partout meilleure qu'en Allemagne. C'est ce que la

1. *Französische Pensionate*, d'après le *Frankfurter General-Anzeiger*, dans le *Neues Wiener Journal*, 30 sept. 1915. — *Lücken in der Frauenbildung*, du *Stadtschulrat* docteur Müller (Wiesbaden), dans la *Gazette de Francfort*, du 11 juillet 1916.

guerre nous aura appris à nous. Prouvera-t-elle aux féministes allemandes que leur devoir est d'affranchir du militarisme et de la politique la pédagogie féminine, au lieu de l'y associer encore davantage?

Ce n'est pas très sûr.

VIII

LA PROPAGANDE SCOLAIRE ALLEMANDE A L'ÉTRANGER AVANT ET PENDANT LA GUERRE

VIII

LA PROPAGANDE SCOLAIRE ALLEMANDE A L'ÉTRANGER AVANT ET PENDANT LA GUERRE

La puissance « tentaculaire » de l'Allemagne était devenue évidente par le nombre toujours croissant d'écoles qu'elle entretenait dans les pays étrangers avant la guerre. On n'en a jamais publié des statistiques exactes[1]. Lorsque, après 1870, on commença à recenser les éléments allemands au dehors, on compta 24 écoles dans les pays européens. Presque toutes étaient des fondations religieuses. Quelques-unes, comme l'école

1. Il faudrait distinguer entre les écoles proprement dites, organisées et stables, et les cours de catéchumènes, intermittents et éphémères; entre les écoles de fondation ancienne et indépendantes de la métropole, et celles qui ont été créées après 1870 pour la propagation du *Deutschtum*.

Saint-Pierre et l'école réformée à Copenhague ou les écoles Sainte-Marie et Saint-Georges à Londres, remontent au XVIIIe siècle. Au delà des mers, il n'en existait guère plus d'une vingtaine. Or, en 1905 les chiffres étaient de 1.008 écoles avec 12.800 élèves, et en 1907 de 1.242 écoles avec 64.600 élèves. Ces chiffres permettent de mesurer la rapidité et les proportions du progrès. On comprend qu'un an avant la guerre, on estimait à environ 100.000 les enfants instruits en pays étrangers par des Allemands, en langue allemande et, surtout, dans l'esprit allemand. Trois quarts à peu près étaient fils ou filles de parents allemands, autrichiens ou suisses allemands. C'est donc un contingent relativement important d'enfants d'origine non germanique et leurs familles, que les écoles allemandes prétendent endoctriner et entretenir en sympathie avec la « Kultur ».

Dans ces chiffres ne sont pas comprises, par exemple, les écoles des Etats de l'Union nord-américaine peuplés par des Allemands. Sans doute, ces écoles sont des écoles américaines. Mais, profitant de la grande liberté qui caractérise l'organisation scolaire des Etats-Unis, les Allemands y ont donné leur empreinte à environ 4.000 écoles avec 7.000 maîtres et environ 300.000 élèves. Tels sont du moins les chiffres qu'ils donnent eux-mêmes.

On a estimé à 22 millions les Allemands établis en dehors de l'empire. En ajoutant à ce chiffre, d'une part, les populations d'origine allemande naturalisées, mais non assimilées, — les 15 à 20 millions de Germano-Américains des Etats-Unis, — et, d'autre part, les étrangers éduqués en Allemagne ou par des Allemands, on conçoit que les sujets de Guillaume II ont cessé d'être un « engrais de culture » (*Kulturdünger*) dans les pays étrangers, pour devenir un ferment actif et puissant de la pénétration germanique dans le monde.

La présente guerre a montré comment les ambitions allemandes comptaient profiter de cette pénétration. Aux Etats-Unis, les « citoyens germano-américains » ont mis en péril grave l'ordre politique de la grande république[1]. La Bulgarie a été conduite dans le camp des Austro-Allemands par un premier ministre qui est un ancien étudiant de Heidelberg. L'alliée turque est à l'école allemande depuis l'avènement de Guillaume II. La Suisse a été obligée de prendre des mesures sérieuses, afin de protéger l'harmonie de ses citoyens contre l'influence dissolvante des Germains impériaux. Bref, la guerre a fait sentir au monde entier la puissance

1. Ces lignes ont été écrites bien avant la rupture des relations germano-américaines.

de la propagande « nationale » que l'Allemagne s'était préparée, en faisant de son instruction publique un article d'exportation.

***

En 1910, l'imposante exposition pédagogique allemande à Bruxelles comprenait une collection fort instructive sur l'expansion allemande dans le monde, notamment des cartes et des diagrammes. Dans un but de réclame, on les avait exhibées dans la salle de conférences de la section. On y a distribué, en outre, en des milliers d'exemplaires une brochure résumant le travail de la « Société pour le germanisme à l'étranger » (*Verein für das Deutschtum im Auslande — V. D. A. — Allgemeiner Deutscher Schulverein — E. V.*).

Cette société privée fut fondée en 1881. Elle a pour objet de favoriser la diffusion de l'enseignement allemand hors de l'empire. Elle est dirigée par des hommes ayant l'expérience pratique, des nations étrangères. Jusqu'à l'année dernière son président effectif était un ancien ministre d'Etat; aujourd'hui, elle est dirigée par un ancien ambassadeur. Près de 60.000 membres appartenant à de nombreux comités locaux (260); un bulletin répandu à 50.000 exemplaires[1]; plus de 710.000 marks de recettes annuelles donnent une idée de la puissance d'action de cette société.

Inutile de dire que le Gouvernement impérial subventionne largement un si précieux auxiliaire de l'influence allemande dans le monde. *Le commerce suit la langue; là où pénètre la langue allemande, pénétreront les marchandises allemandes.* Déjà vers 1875, l'empire avait voté pour cette propagande une subvention de 375.000 francs. La somme n'ayant pas été utilisée faute d'organe répartiteur, on la réduisit à 75.000 francs. Il y a eu à cette réduction d'autres raisons. Une partie

1. Le comité de la société publie un bulletin trimestriel officiel, intitulé *Das Deutschtum im Ausland* (chez Hilger, à Berlin); le vingtième fascicule est celui du second trimestre de 1914. La collection se trouve au Musée Pédagogique de Paris (41, rue Gay-Lussac, 5e). Le Musée reçoit également le bulletin mensuel de la « Société des maîtres allemands à l'étranger », qui porte le titre *Die deutsche Schule im Ausland*, et qui est à sa troisième année (1914). On trouve dans ces deux recueils toute la documentation nécessaire à un travail d'ensemble sur les efforts de nos concurrents pour propager à l'étranger la culture germanique par l'école. — Pour la présente étude, nous nous sommes servis d'articles publiés sur la question dans la grande presse allemande depuis la guerre. Ce sont presque toujours les communiqués que la Société V. D. A. fournit à plusieurs centaines de journaux d'Allemagne et de l'étranger. Nos sources sont donc des meilleures.

des écoles à subventionner avaient un caractère confessionnel, qui à certains politiciens paraissait incompatible avec la neutralité inhérente à une subvention d'Etat. Ensuite, la manière de faire de ceux qui, de la métropole, administraient cette propagande, avait valu au Gouvernement des représentations de la part des puissances étrangères. On craignait que la subvention officielle ne prît le caractère d'une ingérence trop directe du Gouvernement allemand dans l'administration d'établissements scolaires qui, malgré leur origine allemande, devaient rester soumis à la législation du pays où ils étaient situés. Avec la société privée susnommée aucune complication de ce genre n'était plus à craindre. Aussi, en 1895, le Reichstag a-t-il relevé la subvention à 100.000 marks; elle figure au budget de 1914 avec la somme de 1.500.000 marks.

Dirigée par des hommes compétents; aidée par l'Etat et par l'initiative privée de la métropole autant que par les agglomérations allemandes ou germanophiles à l'étranger; soutenue efficacement par les agents diplomatiques et consulaires; groupant autour d'un foyer allemand les éléments apparentés, autrichiens, suisses, scandinaves, sans distinction confessionnelle, la *Société pour le germanisme à l'étranger* a su créer et développer des écoles très appréciées par les milieux où elles vivent. Les méthodes d'enseignement étant celles des programmes allemands, il était relativement facile d'adapter aux besoins de chaque pays les livres et le matériel scolaires. Les éditeurs allemands se prêtent volontiers à cette adaptation. Lorsque des livres de classes utilisés dans la métropole peuvent servir tels quels, ils font cadeau à la Société des éditions anciennes mises hors d'usage. Là où la langue d'enseignement doit ou peut être celle du pays étranger, — mesure excellente pour attirer les enfants des bonnes familles indigènes — la langue allemande ne joue pas moins un rôle prépondérant. De toute façon, ce sont toujours et en premier lieu des idées allemandes qui forment la base de l'enseignement.

La grande difficulté est encore toujours le choix de bons maîtres. La Société a pu recruter 150 professeurs ayant passé par les universités, et environ 1.800 maîtres possédant le diplôme d'une école normale, sans compter les institutrices plus ou moins brevetées. Elle ne craint pas de faire appel à des maîtres ou à des maîtresses français ou anglais, lorsqu'une de ces langues est enseignée dans ses établissements. Car, l'école allemande à l'étranger est très souple et très accommodante, par conséquent très redoutable pour la concurrence. Elle est, dans bien des pays, petite et pauvre, obséquieuse et peu estimée, mais tenace. Prospère, elle sait se faire remarquer. Un exemple.

L'école allemande de Bruxelles figurait à l'exposition de 1910 *ex æquo* à côté des établissements modèles de la patrie allemande. Le gouvernement de Berlin avait délégué plusieurs de ses professeurs dans les divers jurys internationaux, où ils siégeaient de concert avec les pédagogues réputés des autres grands pays. A l'école elle-même, solennités et exhibitions se succédaient, présidées par quelque Excellence ou Altesse. C'était de la bonne réclame. Les écoles allemandes d'Anvers et d'autres villes belges en profitèrent. Le personnel des écoles d'Anvers est particulièrement actif[1]. La colonie allemande du grand emporium belge, nombreuse, riche et puissante, a contribué beaucoup, autant dans son intérêt propre que par devoir patriotique, à élever ses écoles primaires, secondaires et techniques au niveau des meilleurs établissements d'Al-

1. Le 7 décembre 1913 a eu lieu à Anvers la réunion de l'*Association des maîtres allemands en Belgique et en Hollande*: — ils sont 70 qui exercent à Anvers, Bruxelles, Liège, Gand, Hoboken et Neerpelt, et à Amsterdam, Rotterdam, La Haye et Venlo.

lemagne[1]. Dans toutes les réunions où sont discutées les questions de programmes et de méthodes, d'intérêts et de qualifications du personnel, etc..., des écoles allemandes à l'étranger, les expériences et les desiderata du personnel d'Anvers sont donnés en exemple.

L'activité scolaire des Allemands en Belgique a été mise en lumière par les tristes événements de la guerre. Les ordonnances de von Bissing décrétant l'obligation scolaire dans le malheureux pays occupé, et la création de l'université flamande à Gand, sont des mesures conformes aux prétentions de la politique allemande d'exercer sa tutelle sur les pays faibles. Ceux qui, en Belgique, avaient préconisées ces mesures avant la guerre, au grand embarras du Gouvernement belge, soucieux de la bonne harmonie entre citoyens d'origines, de langues et de religions différentes, obéissaient aux idées semées par les pédagogues allemands ou germanisants établis dans le pays. Nous citerons tout à l'heure d'autres exemples non moins concluants pour les effets de cette propagande. Revenons à son organisation.

1. L'*École générale allemande* d'Anvers compte 812 élèves, garçons et filles, et 41 maîtres. Sa caisse de retraite, constituée entièrement de dons, dispose de 180.000 francs.

La Société métropolitaine pour l'extension du germanisme à l'étranger possède des filiales dans tous les grands centres de l'empire, et même dans les pays de langue allemande hors de l'empire. A Hambourg, par exemple, un groupe imposant, fondé en 1904, s'occupe principalement des écoles allemandes dans l'Amérique du Sud. Près de 250.000 francs en espèces et plus de 100.000 francs en livres et en matériel ont été distribués par ce seul groupement, qui comptait, en 1913, 875 membres. Un appel de fonds adressé la même année à la population sous le titre « Aidez les écoles allemandes dans l'Amérique du Sud », a rapporté plus de 25.000 francs.

Les efforts de la Société et de ses groupements tendent, en premier lieu, à intéresser le grand public à son œuvre de propagande patriotique.

Le Gouvernement impérial n'aide pas seulement par des subventions. Le Ministère des Affaires étrangères et l'Office Colonial tiennent à ce que leurs agents prêtent aux maîtres et aux pasteurs ou missionnaires tout l'appui de leur autorité. Ambassadeurs et Ministres assistent, avec leurs familles et avec leur personnel au complet, aux fêtes des écoles de leur résidence. Le Ministère de l'Instruction publique a pris des mesures, en 1905 et en 1908 notamment, pour que des maîtres dûment qualifiés puissent exercer aux écoles de l'étranger sans préjudice pour leur carrière. On veut que le choix de ces maîtres soit fait avec le plus grand soin. La possession d'un diplôme d'école normale ou d'une université n'est pas toujours suffisante. Ayant à instruire des enfants qui ignorent l'allemand, — enfants des familles indigènes — ou qui, si ce sont des enfants de parents allemands, parlent avec leurs camarades la langue nationale, les maîtres doivent savoir, eux aussi, autant que possible la langue du pays où ils veulent exercer. On veut encore qu'ils possèdent des aptitudes sociales pouvant leur faciliter l'entrée en relations avec la bonne société étrangère. Enfin, on ne voudrait déléguer au dehors que des maîtres connaissant d'avance le milieu politique, social, économique où ils iront « travailler » pour l'influence allemande. A cet effet, il est question de créer une véritable université spéciale pour tous les agents du service étranger (*Auslandshochschule*).

Cette création, copieusement discutée dans la presse générale et spéciale[1], est de nature à retenir

1 *Berliner Tageblatt*, 24 et 26 novembre 1915, entre autres.

notre attention. En 1913, le Reichstag a été saisi d'un projet, signé Erzberger et von Richthofen, en vue de cette création par l'empire. Un autre député, le docteur Hager, a présenté un vœu similaire à la Chambre des Députés de Prusse. Ces projets ont trouvé l'appui des parlementaires allemands les plus considérables, surtout parmi les représentants du commerce et de l'industrie. Peu importe qu'on élargisse le « séminaire oriental » de l'Université de Berlin, ou tel autre institut colonial ou commercial de Kiel ou de Hambourg : l'idée est de fonder une vaste institution, dotée d'enseignements, de bibliothèques, de collections, etc., où pourront s'équiper des connaissances linguistiques, historiques, politiques, sociales et industrielles tous ceux, diplomates, consuls, professeurs, etc., qui partiront à l'extérieur comme pionniers et comme représentants du germanisme. La guerre a donné à ce projet un puissant intérêt d'actualité. Il a été repris par la presse et sa réalisation a été recommandée comme très urgente[1]. On se rend compte, de l'autre côté du Rhin, que la guerre a détruit ou arrêté l'activité commerciale et sociale allemande dans la plupart des pays étrangers. On sait aussi que l'hostilité déclarée ou latente

1. Voir ci-dessous, p. 2[illegible] et suiv.

contre les Allemands en rendra beaucoup plus difficile la reprise après la guerre. On a conscience, enfin, que cette reprise est une nécessité vitale pour l'Allemagne. On veut donc préparer, dès maintenant, un personnel capable de lutter avantageusement avec les autres nations, et tout particulièrement avec les nations latines.

***

Le genre d'écoles que les Allemands fondent ou développent de préférence dans les pays où ils trafiquent, sont des écoles réales, c'est-à-dire des établissements de préparation à la vie pratique. Sans être, au point de vue des études théoriques, le complet équivalent des établissements similaires de la métropole, les Ministères allemands et autrichiens n'admettent pas moins, sans autre formalité, les élèves qui en sortent, dans leurs institutions d'études supérieures, scientifiques pures ou techniques, aux hautes écoles de commerce, etc.... Cette faveur n'engage pas seulement les fonctionnaires et commerçants allemands à faire instruire leurs enfants près d'eux, dans leur résidence lointaine, mais elle attire les enfants des bonnes familles indigènes.

Un soin particulier est donné aux écoles de

filles. Les femmes sont d'excellentes apôtres de l'instruction et de l'éducation qu'elles ont reçues. Il n'y a pas longtemps, l'école allemande de filles de Bucarest cherchait en France une maîtresse *agrégée*, ou au moins *licenciée*, à laquelle on promettait des gages très appréciables! Dans les écoles primaires de filles, l'enseignement est surtout donné par des diaconnesses.

Les petites écoles sont, pour la plupart, à la charge des pasteurs qui les ont fondées. Mais, la tendance générale est d'affranchir les écoles importantes, du moins en ce qui concerne l'enseignement proprement dit, de leur caractère confessionnel.

La *Société pour l'expansion du germanisme à l'étranger* par l'école peut se flatter d'avoir obtenu de beaux résultats. Elle a développé depuis un peu plus de trente ans une ardeur infatigable. Elle déclare ouvertement que sa propagande est dirigée principalement contre l'activité puissante de *l'Alliance française* et de *l'Alliance israélite*. On comprend ses regrets de voir son œuvre compromise par la guerre, et aussi ses espérances de pouvoir la reprendre avec plus de vigueur après la conclusion de la paix. C'est pourquoi il ne nous paraît pas inutile d'illustrer ses projets de quelques exemples tirés de la presse quotidienne allemande de ces derniers mois.

***

Dès l'ouverture des hostilités, la société a mobilisé ses adhérents. Elle s'est mise tout entière au service de la propagande de guerre, afin de « combattre vigoureusement », est-il dit dans le compte rendu de l'assemblée générale pour 1915[1], « la campagne de mensonges depuis longtemps préparée par les ennemis ».

Son principal champ d'action a été l'Amérique du Sud, qu'elle a inondée de brochures et de feuilles volantes en langue espagnole et en langue anglaise. Elle a créé à l'intention des républiques latines une revue bimensuelle intitulée *Guerra europea*, dirigée par M. Sanchez y Rosal d'accord avec l'*Union Centrale germano-argentine*, et envoyée de Berlin en Espagne pour être, de là, répandue dans les pays hispano-portugais de l'Atlantique du Sud.

Dans la République Argentine, l'action allemande possède, en effet, des centres puissants. La *Société scientifique germano-argentine* se sent assez forte pour songer à s'installer dans un hôtel

1. Tenue à Munich les 2 et 3 octobre 1915, sous les auspices du groupement de cette ville et de l'Union bavaroise (*Gazette de Voss*, 4 octobre 1915.)

à elle, qu'elle construira « avec les subsides du *Vaterland* ». En 1912, la subvention de l'empire aux écoles allemandes en Argentine était de 71.900 marks (près de 90.000 francs). Sauf le groupe de Buenos-Aires (*Germania Schule*), qui comprend une école réale de neuf classes, une école supérieure de filles de six classes et une école primaire de six classes également, et qui réunissait avant la guerre un total de 446 élèves, peu d'écoles allemandes du pays comptent plus de 60 élèves. La situation des maîtres dans la province, qui naguère était celle de domestiques (*peones*), s'est beaucoup améliorée, dit-on[1]. Mais, on apprend aussi que, dans bien des endroits, les enfants des colons allemands négligent volontiers la langue de leurs parents et préfèrent parler l'espagnol[2].

Les Allemands semblent s'illusionner sur les effets qu'a produits là-bas leur propagande de guerre. Le *Berliner Tageblatt*[3] a inséré avec satisfaction l'éloge que le sénateur Adolfo Dávila a fait, en août 1915, de l'organisation économique et financière de l'Allemagne à la tribune de la première Chambre argentine. La feuille berlinoise se plait

1. *Deutsche Schule im Auslande*, t. XII, 1913, p. 423.
2. *Ibid.*, p. 511.
3. Du 6 septembre 1915.

à souligner la qualité de M. Dávila comme rédacteur en chef du plus grand journal sud-américain, la *Prensa*. « Puisque, dit-elle, ce personnage important a choisi la tribune du parlement plutôt que les colonnes de son journal pour proclamer la supériorité allemande, c'est que les mensonges anglo-franco-nord-américains lui avaient fermé la bouche, ainsi qu'à beaucoup de ses confrères, et que les puissants succès des armes allemandes commencent à leur ouvrir les yeux ». Ils nous paraît infiniment plus probable que le discours du sénateur n'avait pas pour but de faire l'éloge de l'Allemagne, mais plutôt celui de mettre en garde ses concitoyens contre son organisation puissante. Le silence du journaliste est plus significatif. Il laisse supposer l'échec de la propagande allemande.

Sans doute, l'Allemagne a pris pied dans la République Argentine, et elle fera tout pour s'y maintenir. Cependant, la disparition de sa flotte de commerce et la ruine de ses entreprises là-bas, auxquelles l' « organisation » tant vantée a soutiré les meilleurs ouvriers pour en faire des soldats, parleront aux Argentins un langage autrement véridique que les feuilles des propagandistes antidémocratiques de Guillaume II. A l'avenir, l'influence concertée des Etats-Unis, de l'Angleterre, de la France et de l'Italie n'auront pas grande peine, semble-t-il, à paralyser le « pushisme » allemand.

Notons, en passant, que le Gouvernement chilien subventionne assez largement un certain nombre d'écoles allemandes du pays, mais qu'il a réduit de moitié, en 1913, la subvention de l'importante école de Valdivia (426 élèves).

A plusieurs reprises, les menées allemandes au Vénézuéla nous ont créé des difficultés avec cette république instable. Les Allemands y sont installés depuis Charles-Quint, lequel avait conféré à une maison d'Augsbourg le privilège de l'exploitation du pays. De nombreux explorateurs allemands, dont Alexandre von Humboldt, l'ont fait connaître. La plus importante ligne de chemin de fer est allemande. Beaucoup d'industries, l'horlogerie, la pharmacie, l'imprimerie, etc., de même que le commerce d'exportation, sont entre les mains des Allemands. Des officiers et des soldats allemands ont souvent combattu dans les rangs vénézuéliens. La langue allemande est enseignée dans les principales écoles du pays. Il n'y a donc rien d'étonnant qu'un écrivain indigène, V. M. Ovalles, ait cru devoir souhaiter la victoire allemande, malgré ses sympathies pour la France latine et pour l'Angleterre démocratique, dans un livre intitulé : *Ser o no ser* (Être ou ne pas être). La presse allemande a bruyamment signalé[1] cet ouvrage.

Au Brésil, l'action scolaire allemande a été particulièrement active. Pour des raisons qu'il est facile de deviner[2], la branche hambourgeoise de la *Société pour l'expansion du germanisme à l'étranger* a pris sous sa tutelle spéciale les écoles de Rio grande do Sul, Santa Catarina, Paranà, Sao Paulo (en 1913). Nous avons dit qu'après leur avoir consacré 250.000 francs, elle a de nouveau fait appel au patriotisme de ses adhérents pour une subvention urgente de 25.000 francs, en faisant valoir que l'Alliance française pouvait dépenser, au Brésil, annuellement 750.600 francs et la Société italienne Dante Allighieri 250.000 francs. Les événements récents font espérer qu'après la guerre l'action allemande aura plus de peine encore à disputer le Brésil à l'alliance économique et sociale des Français, des Italiens et des Anglais. L'état de guerre

1. Entre autres, la *Gazette de Cologne* du 27 mai 1915.

2. Le port de Hambourg accorde au commerce brésilien les plus grandes facilités, à son propre avantage, bien entendu. Sans ces facilités, l'Allemagne n'aurait pas trouvé à réquisitionner aux entrepôts brésiliens de ce port, au début de la guerre, des quantités considérables de café.

entre le Portugal et l'Allemagne a eu une forte répercussion au Brésil. Une fois de plus dans leur histoire, les Portugais de l'ancien et du nouveau monde se tendent la main à travers l'Atlantique. D'un seul coup l'Allemagne s'est fait deux ennemis, deux frères, il est vrai, mais aussi deux démocraties, ce qui est également important.

Les Allemands n'avaient pas oublié le Brésil dans leur propagande de guerre. Mais les Brésiliens restèrent fidèles à leurs sympathies pour la France.

« Une vague de haine obstinée contre les Allemands passe sur le Brésil. Par principe, on se bouche les oreilles contre toutes les preuves du bon sens et de la justice. On refuse aux Allemands le pain et l'eau. On conteste toutes leurs affirmations destinées moins à justifier qu'à expliquer. Nous (les Brésiliens) pratiquons une partialité folle Nos journaux collaborent aux informations mensongères, aux communiqués équivoques et aux manchettes criardes de *l'Agence Havas*, inventive et toujours glorieuse. Chaque fois que celle-ci, à défaut de nouvelles de victoires, répétait le refrain de la supériorité des canons français sur les canons allemands, nos journaux l'embellissaient de phrases victorieuses telles que : la supériorité des Alliés est prodigieuse; ne l'avons-nous pas toujours dit? etc. Dans les cuisines d'information de toutes les feuilles, des groupes de jeunes scribes préparent des mets stratégiques savoureux et montrent combien peu, au fond, nous nous entendons en science militaire. Naturellement, l'Allemagne est totalement démolie dans cette cuisine ; on y prouve son incapacité militaire, commerciale, industrielle. La France et l'Angleterre apparaissent sans tache tels des anges; elles resplendissent d'héroïsme prodigieux; elles sont, d'après notre plus intime conviction, les plus parfaits chefs-d'œuvre de la création. »

Ces lignes sont traduites textuellement d'un article intitulé *Razoes secretas*, de M. Bugalho. L'article a été reproduit en allemand dans le n° 72 du journal allemand de Sao Paulo, d'après lequel la *Gazette de Cologne* l'a répandu en Europe, le 29 mai 1915 (n° 539). Il y occupe quatre larges colonnes du feuilleton! Il n'est pas possible de se figurer élucubrations plus ineptes et plus malavisées. Sait-on quelles sont les « raisons secrètes » de la sympathie indéracinable des Brésiliens pour la France? ce sont nos cocottes! « Dès qu'un Brésilien a approché une Française, il est irrémédiablement acquis à la France; il est berné, plumé, ruiné par ces diaboliques (ou angéliques) créatures; n'importe, il crie : Vive la France! Voilà le grand secret de la supériorité de la France au Brésil sur le brave Allemand, sérieux, travailleur, bon ingénieur, excellent commis-voyageur! » etc.

Comme propagande, c'est d'une maladresse insigne. Le journaliste brésilien, qui a empoché la forte somme allemande pour avilir de la sorte ses propres compatriotes, a dû se gausser des naïfs Teutons qui l'ont pris au sérieux. Sûrement, aucun de ceux qu'il accuse de « payer de gros diamants ou de milliers de sacs de café un baiser sur l'épaule d'une cocotte parisienne », ne l'aura pris de même. Mais, les Allemands insistent.

Le *Berliner Tageblatt* (du 30 août 1915) nous a annoncé la création d'une *Liga Brazileira pro Germania*. Cette ligue a pour but de combattre les nouvelles mensongères *made in England*. Un certain Alfredo Victor Fontenelle a lancé un appel dans le journal brésilien *La Tribuna*. « L'Allemagne, est-il dit dans ce manifeste, est connue et estimée dans les milieux vraiment cultivés, mais elle est presque inconnue de la grande masse. La plupart des Brésiliens étaient hypnotisés par les attractions parisiennes, par l'air de Paris, par les théâtres et les cafés, par les *dames*, ce rebut de Paris » (*sic*). On devine la conclusion.

Une propagande qui se sert de pareils moyens, se juge d'elle-même. Le Brésil y a fait la réponse qui convient[1]. Pouvons-nous négliger pour cela la propagande allemande? Bien au contraire. Notre langue est plus répandue au Brésil que la langue allemande, mais nous ne saurions nous dispenser de parler dans leur propre langue à ceux qui ne lisent pas le français. Nous avons l'avantage de la véracité de nos récits de guerre, répandons-les largement puisqu'on est tout disposé, au Brésil, à nous écouter. Mettons sous les yeux de la démocratie brésilienne les faits qui prouvent péremptoirement que l'Allemagne a déchaîné la guerre, non pas pour défendre son indépendance et son existence, — comme veut le prouver la *Ligue Brésilienne pro Germania* — mais pour établir par un coup de force brutal sa domination mondiale. Nous ne songeons pas à dénigrer les Allemands en rappelant aux Brésiliens les vilains scandales de Berlin. Nos méthodes sont autres. Nous pouvons faire voir aux Brésiliens, si cela était nécessaire, que notre pays, qui a de si « capiteuses cocottes », possède aussi un moral incomparable et une armée superbe, une industrie et une science qui peuvent se mesurer avec celles de l'Allemagne, et bien d'autres choses encore que l'orgueilleuse Germanie a tort de présenter comme méprisables.

1. Voir ci-dessous, p. 296.

***

Nous ne dirons rien ici de l'action scolaire allemande aux États-Unis. On sait quels espoirs la propagande de Dernburg et de ses collaborateurs universaires avaient fondés sur les populations germano-américaines, et à quels échecs graves, pour le présent et pour l'avenir, les Allemands devront se résigner[1].

***

Un champ d'action nouveau s'est ouvert devant l'action allemande auprès des « frères retrouvés » des provinces baltiques et dans la Pologne russe. Varsovie était à peine occupée par les troupes allemandes que des professeurs de Berlin accoururent, pour ouvrir en grande pompe l'Université et entreprendre l'organisation scolaire du pays. De même qu'en Belgique, ces manifestations n'auront pas de lendemain. Elles sont loin de plaire aux populations. Elles ne sont pas moins typiques pour la préméditation et les procédés de leurs auteurs. La guerre a ruiné la situation des commerçants et des

1. Voir ci-dessous, p. 295.

colons allemands dans l'empire russe. Cette situation était considérable à tous les points de vue, si considérable que beaucoup de « frères allemands » ont préféré une retraite momentanée vers l'intérieur de l'empire slave à la « rédemption » par les armées de Guillaume II. Il n'y a pas que des Allemands dans les provinces baltiques, et ceux qui y ont vécu depuis des siècles sous le régime russe ne sont pas d'humeur, semble-t-il, à troquer le régime libéral, qu'ils ont su arracher au Gouvernement de Pétrograd, contre le caporalisme prussien. Quant aux Polonais, il est certain qu'en masse ils subiront difficilement les procédés scolaires employés naguère encore contre leurs frères de Posnanie.

***

C'est dans les Balkans que l'expansion du germanisme par l'école est intéressante à observer en ce moment. Depuis l'avènement de Guillaume II, la politique allemande regardait de plus en plus vers le proche Orient : une route à travers les Balkans, jusqu'à Constantinople et de là à Bagdad, devait conduire le commerce et la puissance de l'Allemagne sur les flancs même de la rivale anglaise, aux Indes et à Suez. Les riverains de l'étape européenne jusqu'à Constantinople furent « travaillés » en même temps que les chrétiens et les musulmans d'Asie et d'Afrique.

La Serbie, ennemie jurée de l'Autriche-Hongrie et acquise entièrement à la Russie, avait toujours offert peu de chances de succès à la propagande allemande.

La Roumanie lui fut plus accueillante. L'industrialisation du pays, le commerce, l'exploitation minière et agricole y avaient attiré bon nombre d'Allemands et d'Autrichiens, surtout des ouvriers et des contremaîtres. S'il faut en croire les rapports allemands publiés depuis la guerre dans la presse quotidienne[1], la langue française n'est plus parlée que dans la haute société; elle a été remplacée dans le monde des affaires par l'allemand. Le fait est qu'il existe, aujourd'hui, des écoles allemandes dans presque tous les grands centres roumains. Elles sont fondées et entretenues par des communautés religieuses, en majorité protestantes, mais

1. La *Gazette de Francfort*, organe du commerce et de l'industrie, s'est particulièrement occupée de la Roumanie. (Voir *Revue des Sciences politiques*, décembre 1915, p. 423 et suiv.) Un article sur les écoles allemandes y a paru le 20 février 1915.

les industriels allemands et l'empire s'y intéressent avec beaucoup de sollicitude. A Bucarest même, la communauté protestante entretient une école réale supérieure, une école commerciale supérieure à quatre classes, une école primaire de garçons, une école supérieure de filles, une école commerciale et une école primaire de filles, des pensionnats pour garçons et pour filles, et un jardin d'enfants. Les 56 classes réunissaient, en 1913-14, 2.400 élèves. L'enseignement était donné par 87 maîtres et maîtresses, tous laïcs, comme d'ailleurs la direction, et dont plus de la moitié étaient des sujets de l'empire allemand ; 22 d'entre eux possédaient des diplômes universitaires. Dans les dix dernières années, le nombre des élèves a doublé, celui des professeurs a triplé. Les certificats de fin d'études de l'école réale et des écoles commerciales jouissent de l'équivalence avec les certificats correspondants des écoles similaires en Allemagne, en Autriche et en Roumanie même, en vue des études supérieures dans un établissement quelconque, université, école technique ou académie commerciale, des trois pays. Cette reconnaissance n'est pas le seul encouragement accordé à ce groupe scolaire par les trois gouvernements. La communauté allemande qui en est la propriétaire, y dépense 776.000 francs par an. La moindre solennité est rehaussée par la présence des représentants officiels allemands et autrichiens et de quelques hautes autorités roumaines, souvent d'un membre du Gouvernement royal.

L'école allemande de Galatz comprend une école de garçons à six classes et une école de filles à dix classes; elle est fréquentée par près de 500 élèves. La société allemande qui exploite la région pétrolifère de Câmpina, a fondé dans cette ville une école qui, en peu de temps, s'est placée, au point de vue de son importance, après celle de Galatz. Des écoles allemandes florissantes existent à Craiova, Constantza et Braïla. Ailleurs, à Jassy, à Plœtschy, à Pitetschti, les pasteurs ont fondé des petites écoles qu'ils dirigent eux-mêmes. Sont également administrées par des ecclésiastiques les écoles catholiques relevant de l'archevêché de Bucarest et de l'évêché de Jassy. La langue allemande n'est pas dans toutes ces écoles la langue d'enseignement, mais elle est dans toutes à la meilleure place. C'est à ce titre qu'elles participent aux subventions votées par l'empire allemand. Sans doute ne juge-t-on pas assez profitable pour le germanisme le développement des écoles misérables et très intermittentes des colons allemands venus de Russie dans la Dobroutscha (alors turque), aux temps de Catherine II et d'Alexandre Ier. Il n'y a, cependant, dans ces écoles que des enfants de parents allemands, lesquels, à travers de multiples tribulations, ont conservé intactes leur langue et leur personnalité d'origine.

Les élèves de nationalité roumaine sont assez nombreux dans les écoles allemandes du royaume. Les rapports allemands soulignent avec complaisance qu'on compte dans leur nombre des fils de ministres, d'officiers supérieures, etc. En vérité, les jeunes Roumains ne les fréquentent que pour apprendre la langue allemande. Le séjour dans une école de l'Etat roumain donnant seul accès aux carrières, ils ne parcourent pas tout le curriculum de l'école étrangère. Par contre, le contingent d'élèves israélites est relativement élevé. La raison n'en est pas, comme voudraient le faire croire les Allemands, l'accès difficile pour les Juifs des écoles roumaines, mais l'avantage palpable que les commerçants juifs ont trouvé jusqu'ici et qu'ils espèrent trouver à l'avenir en Autriche-Hongrie et en Allemagne.

L'Administration roumaine a témoigné aux entreprises scolaires des Allemands une grande tolérance. Possédant elle-même une organisation et une législation scolaires complètes et bien agencées, elle se réserve, naturellement, le contrôle des écoles privées étrangères. La guerre changera, sans doute, cet état de choses. La propagande allemande a profondément troublé le royaume latin. On s'aperçoit de l'autre côté du Rhin que des maladresses insignes ont été commises. Si la *Gazette de Francfort*, porte-parole souvent inspiré des intérêts commerciaux de l'empire, a jugé opportun de rappeler, en ce moment-ci, l'œuvre scolaire allemande en Roumanie, et d'exprimer l'espoir de « tous les hommes ayant à cœur l'entente pacifique des nations sur la base d'efforts communs de civilisation » qu'il en restera ainsi à l'avenir, quel indice plus caractéristique peut-il être de la crainte allemande d'avoir tout compromis[1] !

Chez les deux nouveaux alliés, les Bulgares et les Turcs, les espérances allemandes sont-elles plus positives ?

Les attentions de l'Allemagne pour la Bulgarie, sont de date assez récente. Les innombrables articles publiés par la presse allemande depuis la guerre pour décider la Bulgarie à se ranger du côté des puissances centrales, sont tous accordés sur le même *leitmotiv* : L'Allemagne, et en particulier son empereur, sont convaincus que seule, parmi les peuples balkaniques, la vaillante et laborieuse

1. Voir ci-dessous, p. 295.

nation bulgare est capable d'établir, sous la conduite de son prince éminent, l'ordre et le progrès dans la péninsule ; l'injustice du traité de Bucârest (1913), œuvre des puissances de l'Entente, a prouvé à la Bulgarie qu'il n'y avait pas d'autre moyen de s'assurer la suprématie économique et politique dans les Balkans que l'alliance austro-allemande.

En vérité, la politique de Berlin veut se servir de la Bulgarie comme garde-chiourme, afin de tenir les Slaves éloignés de « la route de Bagdad via Constantinople ».

Malgré la germanophilie avérée du premier ministre Radoslavov et des officiers et étudiants que le gouvernement allemand a su attirer, il n'y pas en Bulgarie de foyer allemand important. Il n'y avait, en 1913, que deux écoles allemandes dans tout le pays. Une seule, celle de Sofia, prospérait grâce à la protection agissante du ministre et du consul d'Allemagne, et grâce surtout aux libéralités du représentant, à Sofia, de la maison Krupp. L'autre, à Philippopoli, n'a jamais pu se développer, malgré la subvention « très louable » du gouvernement de Berlin[1]. On craignait même un moment d'avoir à la supprimer. « Il n'y

1. 2.000 marks en 1914. La reine Eléonore a donné 200 francs.

a pas d'Allemands riches ou influents à Philippopoli, écrivait, en 1913, le Dr Roloff dans les *Leipziger Neueste Nachrichten*; le pays est trop pauvre pour envoyer ses enfants dans une école payante. Par contre, les écoles françaises, le collège de garçons et l'école supérieure de filles, sont richement subventionnées, admirablement équipées, efficacement protégées par un consul qui n'est à Philippopoli que pour cela. Car, il n'y a, dans la ville, ni colonie, ni commerce français. Il en est de même des autres écoles françaises fondées et dirigées par des ecclésiastiques catholiques, dans la capitale aussi bien que dans plusieurs centres importants du pays ».

Ce fut un beau tapage dans la presse allemande lorsque *L'Echo de Paris* suggéra que la France devrait profiter d'une revision éventuelle du traité de Bucarest pour s'assurer la « protection » des catholiques bulgares. *La Gazette populaire de Cologne*, la plus importante parmi les feuilles catholiques d'Allemagne, rappela tout au long le rapport lu par le professeur Bezensek, de Sofia, au premier Congrès d'éducation chrétienne, qui se réunit à Vienne, en 1912, en même temps que le Congrès eucharistique. Ce rapport devait prouver non seulement combien était grande la prospérité des écoles congréganistes dirigées par des Français, mais surtout que dans ces mêmes écoles l'enseignement de la langue allemande, donné par des Allemands, jouait un rôle très important. M. Bezensek laissa aux Allemands le soin de conclure. Vu l'importance croissante du catholicisme en Bulgarie et la préférence accordée par le Gouvernement aux jeunes gens supérieurement préparés dans les établissements étrangers, il était du devoir des catholiques et du gouvernement allemands de prendre en mains eux-mêmes la propagation du *Deutschtum* chez les « Prussiens des Balkans ».

Les destinées de la Bulgarie seront-elles telles que les rêve Ferdinand de Cobourg? Il est de moins en moins probable qu'elles s'accompliront selon le désir des puissances germaniques. Raison de plus pour nous de fortifier notre action scolaire, afin de nous garantir de la part de la Bulgarie contre des surprises politiques aussi dangereuses que celles de 1915.

Au début de l'année dernière, un conseiller du gouvernement allemand, le Dr Schmidt, *inspecteur des écoles allemandes à l'étranger*, a inauguré ses fonctions comme réorganisateur du système scolaire ottoman à Constantinople. Jusqu'avant la guerre, c'était le modèle français qui prévalait.

Nous comptions, en effet, dans l'empire turc plus de 500 écoles, où enseignaient des maîtres français ou formés par des Français, d'après les méthodes et à l'aide de livres français, dans la langue et dans l'esprit de France. Aujourd'hui, c'est l'Allemagne qui domine. Elle se hâte de prendre possession du pays, comme si elle craignait de ne pouvoir y rester. L'*Association germano-turque*, fondée l'année dernière à Constantinople sous l'égide de l'ambassade d'Allemagne, subventionne des écoles[1], achète des bâtiments et des terrains[2], institue des pensionnats allemands et des cours d'allemand[3]. La dite association a inscrit la propagande par l'école en tête de son programme. Déjà les journaux vantent les excellents résultats acquis[4]. Les établissements, dirigés pour la majeure partie par des congréganistes ou des ecclésiastiques allemands, auraient vu leurs nombres d'élèves triplés. Dans bien des cas, il n'aurait pas été possible de satisfaire à toutes les demandes d'admission.

1. A Bagdad et à Jérusalem.
2. A Haidar Pascha.
3. A Nichantach, Broussa, Konja.
4. En tête, la *Gazette de Francfort* du 30 juin 1915. Le *Berliner Tageblatt*, autre organe du commerce allemand et grand avocat de la route Hambourg-Constantinople-Bagdad, du 1er juillet 1915.

L'école réale supérieure de Péra, fondée par la commune scolaire germano-suisse, comptait en 1912-1913, 600 élèves; l'année 1915 aurait commencé avec un millier! Le certificat de maturité de cette école admet aux études universitaires en Allemagne. On attire ainsi les jeunes Ottomans dans les Facultés et dans les établissements techniques supérieurs allemands. Notons, à ce propos, que déjà le Gouvernement de Berlin a délégué à Constantinople toute une phalange de professeurs pour occuper les chaires d'enseignement supérieur. Les Allemands s'organisent. Tandis que, par exemple, à Jérusalem l'école primaire (à 6 classes) et l'école réale (fondée en 1905; elle délivre le certificat qualifiant au volontariat d'un an) sont une fondation collective de la colonie allemande, de la communauté protestante et de celle des Templiers, l'école réale de Bagdad (fondée en 1909), est une création de la seule société scolaire allemande de l'endroit. Une société semblable a créé une école réale à Alep, en 1911. En trois ans, le chiffre des élèves y aurait triplé. En 1913, on comptait 107 Turcs et Persans sur 128 élèves. Le correspondant du *Berliner Tageblatt*, qui a visité cette école en juin 1915, nous apprend que cette école réunit des enfants de huit et des jeunes gens de vingt-trois ans. « Ces élèves apprennent l'allemand. Mais, à quoi cette langue leur servira-t-elle? Il n'y a pas de colonie allemande importante dans la région. La France a fortement influencé la Syrie, en y subventionnant les écoles sans compter. Le commerce se fait en français. Dans les bureaux des grandes maisons, et même dans l'administration du chemin de fer allemand de Bagdad, la correspondance se fait en français ». Le même correspondant a vu à Alep un gamin blond traduire de l'arabe sous la surveillance d'un jeune maître tonsuré : l'enfant était le fils du consul allemand et le maître un ecclésiastique français! Aussi le visiteur s'est-il demandé comment l'effort allemand parviendra à surmonter les conditions difficiles existantes. Il compte sur la disparition de l'influence et de la langue françaises. Il n'est pas sûr que l'Allemand empêchera le Turc ou l'Arabe de devenir prépondérants. Le mélange des races, Turcs, Arabes, Juifs, Arméniens, Circassiens, etc., qu on rencontre dans les écoles de là-bas, l'effraye. Mais, n'a-t-il pas écrit son article précisément pour intéresser à cette œuvre difficile le patriotisme et la finance de l'Allemagne[1]? La guerre rendra vains, nous l'espérons

1. La Société allemande *Dürer* (*Deutscher Dürerbund*) a lancé dans les journaux un appel pour des livres allemands : cette société fait de la propagande par l'art, par la musique,

bien, ces calculs et ces efforts trop pressés. L'Allemagne aura de graves blessures à panser avant de pouvoir écouter des appels à sa libéralité pour des « idéals » lointains. Mais, veillons sur notre patrimoine.

***

Nous sommes avertis. L'Allemagne a un intérêt vital à reprendre et à améliorer ses positions en Orient et dans l'Amérique du Sud, le lendemain même de la paix. Elle fera pour cela l'effort que la guerre lui aura indiqué comme nécessaire. Elle évitera, au moins dans les premiers temps, les fautes de tact commises dans le passé. Elle évitera aussi d'employer les procédés que Dernburg a préconisés naguère, à savoir l'usage de la force comme unique moyen de réussir dans les pays et avec les nations qui ne participent pas encore aux bienfaits de la « Kultur » et de l'organisation allemande.

L'autorité des Alliés, au contraire, sortira de cette guerre singulièrement grandie. Que dès maintenant, ils s'apprêtent à consolider leurs anciennes

par des expositions et des conférences populaires. Elle a besoin d'une bibliothèque, grande et variée! (*Gazette de Cologne*, 6 mars 1916.)

relations et à en nouer de nouvelles avec les nations auprès desquelles la concurrence allemande n'a cessé de les desservir.

Le rôle des institutions fondées en France, en Italie, en Angleterre par des hommes clairvoyants, pour préparer les voies au commerce et à l'influence de leur pays à l'aide d'une pénétration intellectuelle et morale, sera décisif cette fois. Que leur action soit soutenue! Sans doute, ces institutions auront besoin de tout l'appui moral et méthodique de leurs gouvernements. Elles demanderont également une aide matérielle importante à leurs parlements respectifs. Mais, il appartient surtout à ceux qui profiteront des sympathies conquises ou reconquises, aux armateurs, banquiers, commerçants et industriels, de procurer à l'initiative privée les moyens appropriés pour développer leur activité. Un personnel bien choisi, préparé à sa tâche particulière et délicate, fera le reste. Plus l'action des « pionniers » sera large, libre et intelligente, mieux elle sera acceptée et plus elle sera féconde.

Ce chapitre a été écrit pour le fascicule d'août 1916 de la *Revue des Sciences politiques*. Les événements qui se sont produits depuis, n'infirment pas nos prévisions. Au contraire, la propagande allemande a vu se fermer l'une après l'autre les portes qu'un effort laborieux lui avait ouvertes, et que la guerre victorieuse avait précisément pour but de rendre inaccessibles, désormais, aux rivaux.

La Roumanie s'est rangée spontanément aux côtés des puissances de l'Entente. Le souvenir de l'envahisseur allemand y restera ineffaçable. Tout porte à croire que la route des Balkans ne sera pas une voie germanique. La nation latine des bords du Danube et de la mer Noire restera acquise à l'influence française.

Notre œuvre dans l'empire ottoman pourra prendre un nouvel essor. Les Turcs finiront par se séparer des protecteurs auxquels ils devront le démembrement de leur domaine asiatique.

Notre influence en Serbie et au Monténégro contrebalancera la mauvaise volonté des Bulgares et des Grecs, si tant est que ces deux royaumes essayent de s'y soustraire. Il dépendra de nous de développer des œuvres déjà importantes avant la guerre.

Les Etats-Unis de l'Amérique du Nord ont rompu avec les empires centraux et avec le germanisme. Les Germano-Américains de l'Union se déclarent aujourd'hui citoyens américains sans « trait d'union ». Ils suivront le courant des sympathies qui portent la démocratie américaine vers nous et contre l'Allemagne.

Les républiques latines de l'Amérique du Sud ont pris position contre l'Allemagne, et c'est le Brésil qui l'a fait avec le plus d'énergie.

L'attitude de la république chinoise n'est pas moins réconfortante pour nous.

Plus près de nous, en Suisse, en Espagne, en Hollande et dans les pays scandinaves la propagande allemande est désormais suspecte.

Une perspective vaste et libre s'ouvre partout à l'esprit des puissances libérales. La France est appelée à marcher au premier rang.

Nous avons lieu de croire que l'Allemagne a compris ses fautes. Elle avise aux moyens d'en éviter le retour. Un de ces moyens devait consister, nous l'avons dit, à n'envoyer dans les pays étrangers que des agents — professeurs, ingénieurs, consuls et ministres — préalablement munis des connaissances nécessaires à leur tâche. Une université spéciale *(Auslandshochschule)* devait être créée par l'empire sans délai[1].

Or, ce projet vient de recevoir un commencement d'exécution en Prusse, mais sous une forme différente de la conception impérialiste des premiers promoteurs. Il a fait l'objet d'un long mémoire qui fut présenté, en janvier 1917, à la Chambre des Députés de Prusse[2] comme justification des crédits demandés par le Ministère prussien de l'Instruction publique pour le développement des « études de l'étranger ». L'idée d'une institution d'empire est abandonnée. Elle serait contraire à la

1. Voir ci-dessus, pp. 267 et suiv.

2. D'après la *Gazette de Cologne*, du 31 janvier 1917 (N° 104).

Constitution, laquelle laisse aux Etats confédérés le soin de régler leur enseignement public. Il ne s'agit pas seulement de préparer à leur tâche des maîtres pour les écoles allemandes à l'étranger, ni même seulement des consuls et autres fonctionnaires destinés aux services de l'étranger. La tâche dépasse les considérations professionnelles. Le séminaire des langues orientales de l'Université de Berlin, auquel d'ailleurs l'empire fait une subvention, et l'Institut colonial de Hambourg remplissent chacun une tâche très utile, mais spéciale et limitée. Ce qu'il faut, surtout, c'est que *toute la nation allemande soit éduquée pour la politique mondiale*. Voilà le grand but. Toute la jeune génération studieuse, ceux qui iront servir la cause allemande au loin aussi bien que ceux qui resteront dans la métropole, doit être pénétrée des grands intérêts allemands dans le monde.

Le problème est donc triple. A l'étude scientifique de l'étranger et à la préparation pratique de fonctionnaires ou de particuliers pour l'action au dehors, se joint, comme nécessité capitale, la propagation de l'intérêt pour la politique mondiale à l'intérieur de l'empire même.

La discrétion de l'Administration prussienne de ne vouloir accaparer ou imposer aux confédérés un Institut impérial par « respect de la Constitution », est surprenante. Ce qui l'est davantage, c'est l'aveu qui masque cette retenue : « La guerre a montré à ceux mêmes qui ne le savaient pas, combien effrayante a été notre ignorance de la pensée étrangère, et combien profondément nous avons besoin de comprendre le présent selon les principes de la science politique. Notre champ d'action, c'est le monde ! Chaque universitaire doit se faire un devoir d'honneur de s'instruire en science politique, qu'il s'agisse d'économie, de droit ou de politique, et de prendre position, intimement, à l'égard des grands problèmes de la politique et de l'économie mondiales. La pratique de juger les questions de la politique étrangère selon les points de vue de la politique intérieure, qui s'est fait remarquer encore pendant la guerre, ne peut-être corrigée que si une solide culture politique relativement à l'étranger est reconnue et poursuivie énergiquement comme but de notre politique culturelle nationale ».

Dépouillée de son pathos administratif, cette phrase signifie que les Allemands reconnaissent — grâce à la guerre — leur incapacité de faire de la politique internationale, et leur erreur d'avoir voulu en faire d'après les règles étroites de leur propre politique nationale.

Cependant, « leur champ d'action » n'est pas moins « le monde ». D'où la nécessité de ne pas limiter l'éducation politique appropriée à quelques rares élèves d'un seul Institut central, ou de ne comprendre dans le programme que l'enseignement des langues et des institutions des pays étrangers, mais d'étendre le programme à tous les sujets intéressant la politique mondiale et d'en faire profiter le plus grand nombre de citoyens possible, en première ligne tous les étudiants des universités.

Le mémoire recommande donc la *décentralisation* de l'enseignement à créer, ou plutôt à développer. Toutes les universités de la Prusse y participeront. Le but essentiel est la *culture générale* en matière de connaissances de l'étranger. Cela n'empêchera pas certaines universités de se spécialiser selon leur voisinage avec un pays étranger déterminé. Ainsi, Kœnigsberg et Breslau choisiront de préférence des questions relatives au monde slave; à Bonn, on donnera la préférence à des questions concernant la France et la Hollande, etc.

De même, cet enseignement ne reviendra pas aux seules Facultés de Droit. Celles de philosophie, qui, en Allemagne, comprennent la linguistique, l'histoire et la géographie, auront à en prendre leur part.

Les universités qui déjà possèdent des Instituts spéciaux pour des enseignements relatifs à l'Orient, pourront élargir leur activité spéciale.

Toutes chercheront à élever les enseignements sur les hommes et les choses de l'étranger au-dessus des besoins étroitement professionnels d'un professeur, d'un missionnaire, d'un ingénieur, d'un commerçant, qui voudront opérer en pays étranger.

La réserve de la Prusse n'est qu'apparente, elle est conforme à sa politique. Les confédérés n'ont pas tous apporté à sa politique mondiale mégalomane la même compréhension. Il faut donc créer d'abord l'esprit d'empire mondial, comme on a créé l'esprit d'empire national. Les meilleurs agents sont les universités, que le Gouvernement de Berlin, grâce à l'influence des professeurs de la capitale, a bien en main déjà, tandis qu'un Institut impérial, pour lequel les partis politiques du Reichstag voteraient ou refuseraient les crédits, échapperait à sa gestion exclusive. La Commission des Affaires extérieures du Reichstag n'est pas du goût des impérialistes prussianisants.

Il n'y aura donc pas de *Auslandshochschule* centrale et impériale. La Prusse juge plus prudent de donner l'exemple aux universités, des autres pays de l'empire. Elle n'ajoutera pas de chaires nouvelles à celles qui existent dans ses universités, et qui peuvent se charger d'un ou de plusieurs des enseignements jugés nécessaires. On demandera à « des hommes de la pratique » de traiter un sujet de leur compétence, en conférences isolées ou dans des séries de cours.

On intéressera ainsi à l'éducation « mondiale » la haute finance, la grande industrie, et le commerce. Afin d'y faire participer toutes les universités, les unes feront appel, pour certaines spécialités, aux spécialistes des autres. Seul Berlin et Münster recevront des chaires nouvelles « extraordinaires ». A Berlin, un nouveau professeur sera adjoint aux titulaires du séminaire oriental, pour compléter l'enseignement philologique par un enseignement réel sur le monde de l'Orient, spécialement islamique. A Münster, un cours d'histoire sur l'Orient chrétien apportera aux cours existants à la Faculté de théologie catholique un complément utile. Berlin recevra en plus un lecteur de langue bulgare. A l'Université de Bonn on installera un lecteur de langue espagnole, parce que « l'étude des langues romanes y a été de tout temps une spécialité ».

Ainsi se résout pour et par la Prusse le problème d'un organe d'enseignement destiné à développer chez tous les Allemands une compréhension plus exacte des pays étrangers, une connaissance plus juste de la « pensée étrangère ». En même temps, on espère susciter un intérêt plus général pour la politique mondiale de l'empire.

Les Allemands ont fait des progrès incontestables dans les enseignements théoriques. Mais, il y a des choses qui ne s'enseignent pas du haut d'une chaire. L'échec lamentable de la propagande aux Etats-Unis a montré combien l'esprit allemand était loin de comprendre l'âme d'une nation étrangère. Ni le diplomate de carrière Bernstorff, ni l'homme d'affaires Dernburg n'ont pu atteindre leur but, identique et bien déterminé, malgré leur expérience personnelle et les moyens illimités mis à leur disposition, parcequ'ils ont été incapables de s'affranchir de la mentalité nationaliste allemande et des méthodes prussiennes. Ailleurs dans le monde, les agents diplomatiques et les « pionniers » de l'Allemagne ont subi les mêmes échecs pour les mêmes causes.

Les nations profitent aujourdhui de la guerre libératrice pour manifester leur déplaisir, même celles qui insistent le plus sur leur absolue neutralité. L'Allemagne a compris. Elle s'apprête à faire l'apprentissage de la politique mondiale. Elle déclare toujours que « le monde est son champ d'action ». Faisons en sorte de ne pas être évincés.

TABLE DES MATIÈRES

LA ROCHE-SUR-YON — IMPRIMERIE CENTRALE DE L'OUEST

www.ingramcontent.com/pod-product-compliance
Ingram Content Group UK Ltd.
Pitfield, Milton Keynes, MK11 3LW, UK
UKHW012157240726
13966UKWH00002B/400